QUE SAIS-JE ?

Histoire du système éducatif

VINCENT TROGER
Maître de Conférences en Sciences de l'Éducation

JEAN-CLAUDE RUANO-BORBALAN
Docteur ès lettres Université Paris 1
Directeur de l'Institut DEMOS

W0354978

ISBN 2 13 053483 X

Dépôt légal — 1re édition : 2005, avril

© Presses Universitaires de France, 2005
6, avenue Reille, 75014 Paris

INTRODUCTION

Lorsque l'instruction primaire est devenue obligatoire, gratuite et laïque à la fin du XIXe siècle, l'école n'était encore qu'une institution éducative parmi d'autres. À côté des familles, les Églises et le marché du travail assumaient une part significative du processus d'éducation, d'instruction et de formation des enfants et des adolescents. Les dates des congés scolaires étaient imposées par le respect des fêtes religieuses, de l'enseignement du catéchisme et du rythme des travaux agricoles. Or, en un peu plus d'un siècle, cette logique s'est inversée. Le calendrier des vacances s'impose désormais à la société tout entière, alors que les travaux agricoles et les pratiques religieuses ont cessé depuis longtemps de rythmer la vie des Français. Le vocabulaire des médias rend compte sans ambiguïté de cette nouvelle réalité : le mois de septembre n'est plus seulement celui de la rentrée scolaire, mais aussi celui des « rentrées » politique, sociale, littéraire et même économique. Les pratiques éducatives familiales sont désormais en partie subordonnées à l'exigence de la réussite scolaire, tandis que presque toutes les activités professionnelles sont représentées dans l'école par une filière de formation et un diplôme.

C'est pourquoi toute entreprise d'histoire du système éducatif se trouve confrontée à la même question initiale : quels processus ont abouti à confier à une seule institution spécialisée, hors du contrôle direct des familles, une part aussi importante de l'éducation de l'enfance et de la jeunesse ?

Tenter de répondre à cette question, c'est nécessairement opérer certains choix chronologiques et thématiques.

À la lumière de l'historiographie contemporaine, on peut retenir en matière d'histoire scolaire sept axes thématiques principaux, qui structurent ce livre : les relations de l'école avec les pouvoirs politiques et religieux, la construction des savoirs et les méthodes adoptées pour les transmettre, l'organisation des institutions scolaires, la place de la formation aux métiers, les inégalités devant l'accès à l'école et l'influence des innovations techniques sur la pédagogie. L'articulation de ces sept thèmes aide à comprendre comment l'histoire a pu aboutir à placer l'institution scolaire dans la situation paradoxale qui est la sienne depuis plusieurs décennies, à la fois détentrice d'un quasi-monopole éducatif et soumise à un état de crise permanent.

Mais ces thèmes se déclinent nécessairement dans le cadre d'une chronologie. Les modèles scolaires aujourd'hui dominants ont commencé à se construire au XIIe siècle pour l'Université et au XVe pour les enseignements primaire et secondaire. Ils ont cependant été élaborés en référence explicite à l'héritage gréco-latin. C'est donc par cet héritage qu'il convient de commencer, avant d'insister sur chaque étape décisive de l'extension de la scolarisation depuis le XIIe siècle. L'essor des universités médiévales, l'émergence de nouveaux modèles pédagogiques au XVIe siècle, les projets révolutionnaires et les réalisations de l'Empire, les relations entre l'Église et l'État au cours du XIXe siècle, la dualité des enseignements primaires et secondaires de la IIIe République, la mutation radicale de l'école de masse dans la seconde moitié du XXe constituent des passages obligés de l'histoire de l'éducation ainsi comprise.

Les choix thématiques et chronologiques qui nous paraissent s'imposer ne prétendent évidemment pas à l'exhaustivité, mais dans l'état actuel de l'historiographie, ils ont cherché à mettre en évidence ce que l'histoire peut nous apprendre de plus significatif sur notre système scolaire, et nous permettre de porter sur lui un regard aussi lucide que possible.

Chapitre I

ÉCOLE ET POUVOIRS : DE L'ÉGLISE À L'ÉTAT

Depuis l'Antiquité, l'école n'est apparue que dans les sociétés qui atteignaient des niveaux élevés d'organisation économique, politique et religieuse. Elle a souvent répondu aux besoins d'instruction nés de la croissance des activités commerciales et administratives, mais a toujours été contrôlée par les hiérarchies politiques ou cléricales, pour lesquelles la transmission des savoirs liés à la maîtrise de l'écriture et du discours constituait un enjeu de pouvoir essentiel. Après avoir été l'instrument de formation des élites politiques et administratives des cités grecques et de l'Empire romain, l'école a été vouée par l'Église catholique à la christianisation de la société féodale. En France, la montée en puissance de la monarchie a ensuite obligé l'Église à partager avec l'État le contrôle des institutions scolaires. Ce partenariat s'est au fil des siècles transformé en concurrence, puis en conflit, jusqu'à ce que l'État impose son hégémonie au début du XXe siècle. C'est alors la question de la démocratisation qui a déterminé l'évolution du système scolaire.

I. – L'instruction des élites politiques de l'Antiquité

Lorsque, dans les ruines d'un palais mésopotamien du IIe millénaire avant J.-C., l'archéologie met à jour deux salles de classe avec leurs rangées de banquettes et leurs écritoires de terre cuite ou de bois, les historiens savent qu'ils sont en présence des vestiges d'une école consacrée à la formation des scribes de l'administration royale babylonienne. Des écoles comparables ont existé dans l'Égypte pharaonique, dans l'Empire perse ou en Chine.

Il n'est donc pas surprenant que la civilisation grecque, au moment de son apogée à Athènes au IVe siècle avant J.-C., ait à son tour développé des institutions scolaires, « un des attributs nécessaires de l'État civilisé »[1]. Toutefois, à l'inverse des premiers empires du Moyen-Orient, l'autorité politique dans la démocratie athénienne n'est plus fondée sur le seul contrôle des pouvoirs militaire et religieux, mais aussi sur la capacité à convaincre et à argumenter dans le débat public. Les formes et les pratiques pédagogiques qui se fixent alors et qui vont, à travers la civilisation romaine et le Moyen Âge, inspirer nos propres institutions scolaires ont ainsi été prioritairement orientées vers la maîtrise du discours.

L'école élémentaire grecque apprend l'alphabet et les calculs simples. Ce laborieux apprentissage concerne une frange assez large de la population urbaine, celle qui a besoin des rudiments d'écriture et de calcul dans ses activités professionnelles et contribue à l'enrichissement de la cité. Au niveau secondaire, en revanche, l'enseignement vise à transmettre la culture générale qui, aux yeux de l'élite sociale grecque, distingue le citoyen. Les historiens débattent encore des lieux où se tenait cette éducation secondaire : gymnases, écoles spécialisées ou préceptorat, il est probable

1. H.-I. Marrou, *Histoire de l'éducation dans l'Antiquité,* Le Seuil, « Points Histoire », 1981 (1re éd., 1948).

que plusieurs pratiques coexistaient. Mais sur les contenus les savoirs historiques sont plus affirmés. La grammaire et la littérature l'emportent sur les sciences, qui n'occupent qu'une place secondaire. La gymnastique demeure prépondérante dans l'éducation aristocratique. Au niveau supérieur, enfin, une minorité de jeunes gens suit l'enseignement individualisé de quelques maîtres prestigieux. Indispensable aux carrières politiques, la rhétorique est l'enseignement le plus fréquent à ce niveau, devant la philosophie et la médecine.

Cette organisation scolaire a été reprise par les Romains. Les innovations qu'ils y ont introduites n'ont fait que confirmer le lien étroit entre scolarisation et système politico-religieux.

En premier lieu, l'État est plus systématiquement intervenu. De l'empereur Vespasien, au Ier siècle, jusqu'à Dioclétien, au IVe, une réglementation de plus en plus précise a encadré les institutions scolaires : exemptions fiscales et salaires minimum pour les instituteurs, création de chaires d'enseignement supérieur rémunérées par l'État, ou encore bourses d'études.

En second lieu, les Romains ont développé un enseignement supérieur du droit qui n'existait pas chez les Grecs. L'administration de l'État, des municipalités et des cultes exigeait un grand nombre de fonctionnaires, tandis que la fréquence des litiges demandait une multitude de juristes habiles à manier l'argumentation.

Dès l'origine, l'école privilégie ainsi la transmission des valeurs et des savoirs dominants dans la société. Une pratique des Romains est, à cet égard, particulièrement révélatrice : les enfants des princes de chaque nouveau pays conquis, pris en otage selon la tradition, étaient scolarisés. Rome comptait sur son école pour transformer en Romains les héritiers des chefs barbares.

II. – Déclin et renaissance scolaire au Moyen Âge : l'Église pédagogue

L'effondrement de l'Empire romain d'Occident a entraîné la quasi-disparition de son réseau scolaire. Du Vᵉ siècle jusqu'au règne de Charlemagne, au IXᵉ siècle, la seule puissance capable d'entretenir des vestiges de scolarisation est l'Église chrétienne. Les monastères ont alors assumé l'essentiel de l'activité scolaire, centrée sur la formation des ecclésiastiques. Certains des héritiers de l'aristocratie romaine, reconvertis dans les responsabilités épiscopales, ont ainsi réussi à transmettre une partie du patrimoine scolaire gréco-romain, notamment le programme d'enseignement des gymnases. Divisé en *trivium* (grammaire, rhétorique et dialectique) et *quadrivium* (arithmétique, géométrie, musique et astronomie), ce programme a servi de référence pédagogique jusqu'au XVᵉ siècle. *Trivium* et *quadrivium* ont été qualifiés au Moyen Âge d'« arts libéraux », et les enseignements du *trivium* ont en partie constitué le socle de ce que l'on a appelé à partir du XVIᵉ siècle « les humanités ».

Avec la tentative de Charlemagne de restaurer un État centralisé soutenu par l'Église, de nouvelles initiatives scolaires ont logiquement été prises. Si, contrairement à la légende, l'empereur n'a rien inventé, il a, en revanche, entrepris de dynamiser le réseau des écoles monastiques et épiscopales : « Il nous a paru utile que les évêchés et les monastères (...) soient aussi consacrés à l'étude des saintes écritures et mis à la disposition de ceux qui, avec l'aide de Dieu, peuvent se livrer aux études », écrit-il aux évêques et aux abbés en 794. Cette politique s'est exercée dans les limites des faibles moyens alors disponibles, mais elle a permis le maintien d'une scolarisation active.

C'est ce qui explique que le réseau d'écoles monastiques et épiscopales ait bien résisté aux troubles de la période féodale qui a suivi la dislocation de l'Empire carolingien. Lorsque, à partir du XIe siècle, l'agrégat de seigneuries qui constituait alors la France a commencé à connaître une croissance économique et démographique, monastères, cathédrales mais aussi presbytères ont multiplié les « petites écoles », particulièrement dans les villes. « La grammaire fleurit de tous côtés et le grand nombre des écoles la met à la portée des plus pauvres », écrit l'abbé bénédictin Guibert de Nogent au tout début du XIIe siècle.

Sans pouvoir donner une mesure statistique de ce mouvement, on peut décrire la conjonction de processus qui en est à l'origine. La croissance des activités commerciales a créé une demande d'alphabétisation plus importante. Simultanément, le puissant mouvement d'évangélisation que conduit l'Église, et les débats théologiques virulents qui l'accompagnent, s'accompagne d'une augmentation du personnel ecclésiastique. Enfin, en Île-de-France, l'ambition de la monarchie capétienne favorise le développement d'un personnel juridique et administratif. Les besoins de l'Église, de l'État et des agents économiques interagissent pour favoriser une nouvelle expansion scolaire dont les universités vont constituer une étape décisive.

III. – L'Université médiévale entre Église et monarchie

Les premières universités françaises apparaissent au XIIIe siècle, d'abord à Paris, Toulouse et Montpellier, puis dans de nombreuses autres villes.

L'Université de Paris s'organise par exemple à partir des écoles initialement installées autour de Notre-

Dame ou d'abbayes comme celle de Saint-Germain-des-Prés. Sollicités par une demande d'enseignement que nourrit la croissance de la ville, des maîtres ont commencé à se soustraire au contrôle direct de leur hiérarchie ecclésiastique. Suivant l'exemple pionnier du théologien Pierre Abélard (1079-1142), ils s'installent sur la rive gauche de la Seine. Au début du XIIIe siècle, le « Quartier latin » vit déjà de la présence de nombreux étudiants, qu'il faut loger, nourrir et habiller, même si la liberté de leurs mœurs fait problème : prostituées, alcools et violences font alors autant partie de la vie étudiante que les études et les examens.

Dès lors, la papauté cherche à affermir son contrôle sur cette nouvelle activité scolaire. L'Église a un triple intérêt à la création des universités : améliorer le niveau de formation des clercs, alimenter la réflexion théologique pour l'élaboration des dogmes et construire les argumentaires contre les multiples hérésies qui se développent alors, par exemple en pays cathare. De son côté, la monarchie a aussi intérêt au développement de l'Université. Elle lui fournit ses cadres et ses juristes, elle fait vivre commerçants et artisans, et assure le prestige intellectuel de sa capitale. En jouant sur la rivalité entre ces deux pouvoirs, maîtres et étudiants parisiens obtiennent un premier statut en 1215. En 1231, une bulle papale confirme le statut ecclésiastique de l'Université de Paris, reconnue en outre par le roi comme une corporation de métiers jouissant de privilèges fiscaux et juridiques.

Apparaissent alors les premiers exemples de cursus scolaires de longue durée. Les étudiants entrent vers 14 ou 15 ans à la faculté des arts où ils suivent pendant au moins six ans un enseignement inspiré du *trivium* et du *quadrivium* antiques, sanctionné par le

« baccalauréat ». Le lauréat devient ensuite un élève professeur et obtient au bout de deux ans la *licencia docendi,* origine lointaine de notre actuelle licence. Il peut ensuite, tout en enseignant à la faculté des arts, poursuivre de longues études jusqu'au doctorat, en théologie, en droit ou en médecine.

Les étudiants vont assez rapidement se regrouper en collèges. Financés par le mécénat, les collèges logent les étudiants et les aident à travailler collectivement en leur proposant parfois l'accès à une bibliothèque. Le plus célèbre est celui qu'ouvre en 1257, pour une quinzaine d'étudiants pauvres, le chapelain du roi Saint Louis, Robert de Sorbon, qui a donné son nom à l'actuelle Sorbonne. À la fin du XIIIe siècle, les étudiants parisiens forment une population nombreuse, d'environ 5 000 à 10 000 individus, et l'Université parisienne jouit d'une réputation européenne qu'elle va conserver pendant plusieurs siècles.

IV. – L'imprimerie, la Contre-Réforme et l'État, ou la naissance de l'école moderne

Manuscrit, le livre était un objet de luxe. Imprimé, il devient un bien de consommation accessible à une fraction plus importante de la population. Dès le milieu du XVIe siècle, plusieurs millions de livres circulent en Europe et des éditions bon marché, imprimées avec des caractères usagés sur un papier de mauvaise qualité, proposent recueils de prières, abécédaires, romans de chevalerie ou almanachs. Cet embryon de littérature populaire peut aussi se transformer en instrument de propagande contre les pouvoirs en place. Avec l'imprimerie, lecture et écriture sont plus qu'auparavant des enjeux de pouvoir et de contre-pouvoir.

Les protestants ont été parmi les premiers à s'en saisir. « Il est requis et quasi nécessaire, pour conserver le peuple en pureté de doctrine, que les enfants dès leur plus jeune âge soient tellement instruits qu'ils puissent rendre raison de la foi », proclame Calvin en 1537. La foi intense et personnelle qu'exige la religion réformée suppose la lecture précoce de la Bible. Le livre est donc la première arme des protestants, qui impriment des catéchismes et financent des écoles à l'écart des universités liées au catholicisme.

En réponse à cette offensive, l'Église catholique s'engage dans ce qu'il est convenu d'appeler la Contre-Réforme. À son tour, elle imprime des catéchismes et encourage l'ouverture d'écoles. La monarchie appuie ces initiatives : elle doit sa légitimité au soutien de l'Église, que symbolise le sacre du roi, mais elle commence aussi à affirmer contre la noblesse la primauté du pouvoir de l'État, et les écoles lui fournissent les cadres disciplinés dont elle a besoin.

Deux processus distincts d'extension de la scolarisation se développent alors. Le premier concerne la formation des élites. Sur le modèle des collèges universitaires, un nouveau réseau de collèges se constitue. Indépendants des universités, les collèges du XVIIe siècle sont souvent dirigés par des congrégations religieuses. Celle des Jésuites, fondée en 1540, est la plus connue parce que le cursus d'études qu'elle a élaboré a inspiré celui de nos actuels lycées.

Ces collèges, qu'ils soient jésuites, oratoriens ou d'autres obédiences, adoptent une organisation pédagogique beaucoup plus contraignante que celle des universités. Regroupés par niveaux d'études, les élèves y sont en permanence encadrés : études surveillées, cours, messes et sermons, et, pour ceux qui sont pensionnaires, dortoirs. Beaucoup moins libéral que l'Université, le collège « s'agrandit et se militarise »[1]. La relation entre maîtres et élèves se distancie et le « pion » devient un personnage emblématique.

Avec un siècle de décalage, un second processus de croissance et de renouvellement pédagogique va concerner les écoles primaires. Des congrégations religieuses s'y consacrent, dont la plus connue est celle des Frères des écoles chrétiennes, fondée en 1678 par Jean-Baptiste de la Salle. Là aussi, de nouvelles méthodes sont expérimentées : classe de niveau, autorité affirmée du maître, surveillance accrue de la discipline. Très peu d'écoles ont cependant les moyens d'appliquer ces principes et la majorité demeurent des écoles rurales à classe unique, confiées à des instituteurs recrutés sur place. Mais le nombre d'écoles augmente et un modèle pédagogique nouveau existe, qui s'imposera au XIXe siècle.

Le succès des collèges et des petites écoles est donc celui d'un mode d'éducation plus répressif qu'auparavant. Certains sociologues y voient une « soumission du maître et des écoliers à des règles impersonnelles » qui caractériserait une « forme scolaire » moderne, « lieu d'apprentissage de formes d'exercice du pouvoir »[2]. Même si cette interprétation exagère la rupture avec les formes précédentes de scolarisation, elle rend bien compte de la relation entre la croissance scolaire et la montée en puissance de l'État. En témoigne cet extrait d'une déclaration de Louis XIV qui fait suite à l'abrogation de l'Édit de Nantes en 1698 : « [Nous] Voulons que l'on établisse autant qu'il sera

1. Marie-Madeleine Compère, *Du collège au lycée*, Archives Julliard - Gallimard, 1985.

2. Guy Vincent (dir.), *L'éducation prisonnière de la forme scolaire ?*, PUL, 1994.

possible des maîtres et des maîtresses dans toutes les paroisses où il n'y en a point, pour instruire tous les enfants, et nommément ceux dont les pères et les mères ont fait profession de la religion prétendue réformée, du catéchisme et des prières qui sont nécessaires (...). » Au XVIIIe siècle, l'État intervient encore plus directement dans le processus de scolarisation en créant des écoles techniques et militaires, dont celles des Mines et des Ponts et chaussées, ou encore l'École d'artillerie dont sortira Napoléon Bonaparte.

V. – La Révolution, l'Empire et l'affirmation du rôle de l'État

Avec la disparition de la monarchie absolue, l'État va s'affranchir progressivement de sa dépendance vis-à-vis de l'Église et affirmer son pouvoir sur les institutions scolaires.

En matière scolaire, la Révolution a autant détruit qu'elle a construit. Si la courte expérience des « écoles centrales » a participé au renouvellement des méthodes de l'enseignement secondaire, la seule création durable a été celle de l'École polytechnique en 1794. En revanche, plusieurs textes législatifs ont défini des principes d'intervention de l'État qui ont, à terme, complètement transformé le système éducatif français.

De 1791 à 1793, une série de lois et de décrets soumettent le clergé à la constitution républicaine, interdisent aux congrégations d'enseigner et organisent la confiscation des biens de l'Église. Les universités, dont le personnel enseignant avait conservé son statut clérical, sont même provisoirement supprimées en 1793. Les collèges, déjà atteints par l'expulsion des Jésuites en 1765, ne survivent à cette offensive qu'en fonction du soutien que leur apportent localement les autorités municipales et les notables. Le réseau scolaire de l'Ancien Régime est profondément déstabilisé.

Simultanément, les gouvernements révolutionnaires successifs cherchent à organiser un enseignement public laïque. Dans un projet présenté à l'Assemblée en 1792, le marquis de Condorcet en a synthétisé les principes. Dans la suite de la *Déclaration des droits de l'homme et du citoyen,* il proclame que « l'instruction nationale (...) est pour la puissance publique un devoir de justice » et que seule « l'Assemblée nationale des représentants du peuple » est légitime pour en assumer la responsabilité et garantir que le système éducatif servira le « progrès des Lumières ». Le principe ainsi posé de la responsabilité d'une puissance publique laïque en matière d'éducation inspirera directement la politique éducative de la IIIe République.

La fin de la période révolutionnaire et l'avènement de Napoléon Bonaparte annoncent cependant le retour à une vision plus conservatrice. L'Empereur garde des projets révolutionnaires ce qui consolide son pouvoir. « Je me crois obligé d'organiser l'éducation de la génération nouvelle, écrit-il, de manière à pouvoir surveiller ses opinions politiques et morales. » Il pacifie donc les relations avec l'Église. Le Concordat de 1801 reconnaît la religion catholique comme religion « de la grande majorité des Français », ce qui permet d'enseigner le catéchisme dans les établissements publics. Mais Bonaparte conserve le principe d'une instruction publique contrôlée par l'État. Il instaure en 1802 une « Université impériale », ancêtre du ministère de l'Éducation nationale.

En s'inspirant explicitement du modèle des collèges jésuites, Napoléon Ier crée ensuite les lycées. Au nombre de 37 en 1812, ces établissements sont initialement destinés à former l'élite administrative du pays.

Dirigés par un proviseur, organisés par classes de niveau dans lesquelles enseigne un personnel hiérarchisé en fonction de ses titres universitaires, ils vont constituer le fondement de l'enseignement secondaire. Parallèlement, ceux des collèges qui ont survécu à la Révolution deviennent des établissements privés ou municipaux reconnus par l'État.

Au niveau supérieur, les universités de droit et de médecine reprennent leurs activités, tandis qu'aux écoles techniques héritées du XVIIIe siècle l'Empire ajoute celle des Arts et métiers. Se dessine alors l'une des caractéristiques majeures du système éducatif français : le parallélisme entre l'Université et les grandes écoles, l'enseignement supérieur scientifique tendant à devenir l'apanage de ces dernières, à l'écart de la reconnaissance universitaire.

Au lendemain de Waterloo, les enseignements secondaire et supérieur sont donc complètement réorganisés sous la tutelle de l'État. Dans les universités, le retour de la monarchie provoque des conflits entre les héritiers de l'Empire et les partisans de l'ultraroyalisme et du catholicisme conservateur. Ces affrontements perdureront sous des formes diverses jusqu'à la IIIe République. Néanmoins, c'est surtout autour de la création d'un enseignement primaire public que va désormais se jouer le conflit entre l'Église et l'État.

VI. – De François Guizot à Jules Ferry, l'État contre l'Église

Délaissée par Napoléon, l'instruction élémentaire préoccupe une partie de la bourgeoisie intellectuelle ou industrielle, qui y voit une nécessité économique et un instrument de pacification sociale. L'État va progressivement reprendre ce projet à son compte et s'émanciper, à cette occasion, de la tutelle de l'Église.

En 1815 est fondée une « Société pour l'amélioration de l'enseignement élémentaire » qu'animent, entre autres, Jean-Baptiste Say et André-Marie Ampère. Elle organise le financement d'écoles primaires dont le fonctionnement s'inspire d'une méthode dite « mutuelle », importée de Grande-Bretagne. Les instituteurs y sont secondés par des moniteurs, en général les élèves les plus âgés et les plus instruits, et ils appliquent une méthode très rationalisée, utilisant le tableau noir et les ardoises. Au début des années 1820, plusieurs centaines d'écoles mutuelles sont implantées en France.

Ce succès attire très tôt les critiques des milieux conservateurs. « Il est facile de sentir combien une telle méthode est vicieuse (...), puisqu'on montre [aux enfants] la facilité de devenir chacun à leur tour les chefs et les supérieurs de leurs condisciples (...). C'est évidemment là un principe républicain », écrit alors un abbé, futur archevêque de Paris. C'est bien en tant que lieu de contre-pouvoir potentiel que l'école mutuelle est ici dénoncée.

C'est pourquoi, lorsque l'universitaire François Guizot, pourtant membre de la Société élémentaire, devient le ministre de l'Instruction publique du dernier roi de France, Louis-Philippe, il renonce à la méthode mutuelle. Par la loi de 1833, qui oblige toutes les communes à financer une école, il fonde l'enseignement primaire public. Il choisit alors d'imposer la méthode dite « simultanée », mise au point par les Frères des écoles chrétiennes au siècle précédent, et qui est celle que nous connaissons encore aujourd'hui : des élèves regroupés par niveau face à un maître, seul détenteur de l'autorité. Guizot laisse également aux prêtres le pouvoir d'accorder aux maîtres le certificat de moralité qui leur permet d'enseigner.

Mais, parallèlement, il conforte l'emprise de l'État. Il crée des Écoles normales d'instituteurs, fixe pour eux une rétribution minimum, organise le contrôle des manuels scolaires par une commission ministérielle et, surtout, instaure un corps d'inspecteurs de l'enseignement primaire.

Ce compromis entre pédagogie d'inspiration catholique et administration de l'État ne satisfait toutefois pas les conservateurs. La révolution de 1848 et la réaction qu'elle engendre, en portant Louis-Napoléon Bonaparte au pouvoir, leur offre l'occasion de prendre une revanche. Comme un siècle plus tard sous le gouvernement du maréchal Pétain, les instituteurs sont accusés d'être les propagandistes du socialisme naissant et 4 000 d'entre eux seront révoqués. En 1850, le ministre de l'Instruction publique, le comte Falloux, promulgue une loi qui tente de redonner à l'Église une emprise plus forte sur l'école. Un enseignement « libre » est autorisé hors de la tutelle de l'État, un financement de ces établissements par le budget public est rendu possible et l'accès des ecclésiastiques à l'enseignement est facilité.

Trente ans plus tard, la virulence de la contre-offensive républicaine est à la mesure de cette réaction conservatrice. Lorsque, en 1879, les élections donnent la majorité aux républicains, ces derniers font de l'école l'instrument privilégié de leur combat contre les catholiques conservateurs et les monarchistes, et ils reprennent les principes énoncés pendant la Révolution. « L'instruction publique, qui est le premier des services publics, doit tôt ou tard être sécularisée, comme l'ont été depuis 1789 et le gouvernement, et les institutions et les lois », proclame Jules Ferry en 1881.

De 1879 à 1882, huit grandes lois systématisent la prise en main par l'État de l'ensemble des institutions scolaires et universitaires. L'école primaire devient gratuite, obligatoire jusqu'à 13 ans, et une laïcité rigoureuse est instaurée. « L'instruction morale et religieuse » qu'avait prévue la loi Guizot devient « l'instruction morale et civique », et le jeudi est libéré pour permettre une instruction religieuse hors de l'école.

Sur le terrain, c'est le temps des « guerres scolaires » qui commence, particulièrement dans les terres profondément catholiques de Bretagne et de Vendée. Mais les républicains ne cesseront de pousser leur avantage : en 1886, instituteurs et institutrices deviennent fonctionnaires, et en 1905 l'abrogation du Concordat consomme définitivement le divorce entre l'Église et l'État.

VII. – **L'école républicaine inégalitaire ?**

La fondation de l'école républicaine annonçait à terme la fin des affrontements avec l'Église. Seul le gouvernement de Philippe Pétain reprendra, de 1940 à 1944, une politique anti-laïque virulente.

Cependant, dès le lendemain de la Première Guerre mondiale, l'école s'est trouvée au centre de nouveaux enjeux politiques et sociaux. Une autre demande de scolarisation émerge, portée à la fois par les progrès techniques, la croissance économique et l'élévation du niveau de vie. Il ne s'agit plus, cette fois, de l'instruction élémentaire, mais de la poursuite d'études au-delà de l'école primaire.

Or les lycées et les collèges étaient des établissements scolairement et socialement très sélectifs. Défendus par un corps enseignant et des familles attachés à cet élitisme, ils sont restés payants jusqu'en 1930. Les lycées accueillaient même des classes élémentaires spéciales dans lesquelles le latin était enseigné et dont certaines sont restées en activité jusqu'au début des années 1960. Une fois la gratuité instaurée, l'accès à la sixième a été filtré par un examen d'entrée qui est resté en vigueur sous différentes formes jusqu'aux années 1960. À cette époque, les lycées n'accueillent qu'à peine plus de 15 % d'une classe d'âge.

Plutôt que d'ouvrir l'accès aux lycées et collèges, les républicains ont donc préféré développer des possibilités de poursuites d'études au sein même de l'enseignement primaire. Reprenant une expérience initiée par la loi Guizot, ils ont, dès les années 1880, ouvert des écoles primaires supérieures et des cours complémentaires. Ces établissements gratuits, où enseignaient des instituteurs et des institutrices, conduisaient leurs élèves, après le succès au certificat d'études primaires, vers des brevets élémentaires ou des brevets supérieurs qui ouvraient les portes des Écoles normales, des concours administratifs et des emplois du commerce. La IIIe République a également développé un enseignement technique.

L'école républicaine est donc une école à deux vitesses. D'un côté les lycées et les collèges qui, dès la sixième, voire dès les classes élémentaires pour ceux qui en ont, préparent au baccalauréat. De l'autre, l'enseignement primaire supérieur et l'enseignement technique, accessibles à la sortie de l'école élémentaire, qui offrent des possibilités de poursuite d'études gratuites mais ne permettent d'accéder ni au baccalauréat ni à l'enseignement supérieur.

Dès le lendemain de la Première Guerre mondiale, ce système a été critiqué. Les partis de gauche lui ont reproché la discrimination sociale dont il était implicitement porteur en réservant aux seuls lycéens et collégiens, le plus souvent issus des milieux aisés, l'accès au baccalauréat. Le ministre de l'Éducation nationale du Front populaire, Jean Zay, a d'ailleurs tenté en 1937, sans succès, d'unifier l'enseignement primaire supérieur, l'enseignement technique et l'enseignement secondaire.

VIII. – **La Ve République et la démocratisation de l'enseignement**

Les gouvernements de la IVe République, malgré la rédaction d'une douzaine de projets de réforme, n'ont pas réussi à modifier cette structure. Pourtant, les effets conjugués du *baby-boom* et de la croissance économique exceptionnelle de l'après-guerre ont exacerbé à la fois la demande de poursuite d'études et les critiques à l'égard du système. Ce sont donc les tout premiers gouvernements de la Ve République qui ont mis en œuvre les réformes déterminantes. Dans le cadre d'une politique de modernisation de la France, le système éducatif devait être pour de Gaulle et les experts qui l'entouraient le moyen d'élargir le recrutement des élites et de fournir en plus grand nombre au pays les ingénieurs, les chercheurs, les enseignants et les cadres dont il a besoin pour maintenir sa puissance.

La loi Debré a d'abord intégré dès 1959 l'enseignement privé, très majoritairement confessionnel, à l'ensemble du système éducatif. La plupart des établissements privés passent désormais un contrat avec l'État, qui prend en charge le salaire des enseignants en échange du respect des programmes de l'Éducation nationale. La même année 1959, l'obligation scolaire a été portée à 16 ans par la loi Berthoin. Dans les quinze années qui ont suivi, plusieurs réformes ont progressivement unifié les diverses filières correspondant au premier cycle de l'enseignement secondaire, enseignement technique compris. En 1975, le ministre de l'Éducation nationale de Valéry Giscard d'Estaing, René Haby, achevait ce processus en créant le collège unique. Parallèlement, l'école maternelle a été développée jusqu'à scolariser aujourd'hui plus de 90 % des enfants de 3 ans, alors que la scolarité n'est légalement obligatoire qu'à partir de 6 ans. Dans l'esprit de ses initiateurs, le principal objectif de ce nouveau système était d'assurer une orientation des élèves compatible avec les besoins de l'économie en alimentant le plus rationnellement possible l'enseignement supérieur et les enseignements techniques et professionnels.

Ce n'est donc que depuis 1975 que le système éducatif a pris la forme qu'on lui connaît aujourd'hui, tous les jeunes Français étant scolarisés dans les mêmes établissements de 3 à 16 ans, écoles maternelles et élémentaires, puis collèges. L'accès au lycée et à l'enseignement supérieur a été largement ouvert : en moyenne depuis une dizaine d'années, entre 60 et 65 % de chaque classe d'âge obtiennent un baccalauréat, environ 80 % des jeunes de 18 ans sont scolarisés et l'enseignement supérieur accueille plus de 2 millions d'étudiants.

Mais en accueillant la totalité de la jeunesse, le système éducatif a aujourd'hui intégré toutes les tensions politiques et sociales de la société contemporaine. Les trois questions vives de la laïcité, de la gestion du système et de l'égalité se posent par exemple en termes nouveaux. L'émergence de la religion musulmane sur le territoire national remet en cause les principes de laïcité autour desquels l'Église et l'État avaient fini par établir un compromis. La politique de décentralisation pose le problème difficile d'une nouvelle répartition des responsabilités entre l'État et les collectivités territoriales. L'égalité des chances ne signifie plus seulement l'accès de tous à la scolarisation, mais la lutte contre l'échec scolaire, car les familles n'attendent plus seulement de l'école l'instruction de leurs enfants mais aussi leur promotion sociale. L'histoire de l'école montre qu'elle a toujours été l'objet d'enjeux politiques essentiels, et, parce qu'elle est devenue aujourd'hui une institution de masse, cette tendance ne peut que s'accentuer.

Chapitre II

LA CONSTRUCTION DES SAVOIRS SCOLAIRES

Tous les savoirs en usage dans une société ne sont pas transmis à l'école. Les savoirs scolaires ont toujours été le résultat d'un choix contrôlé par les pouvoirs politiques ou religieux qui exercent une tutelle sur les institutions scolaires. Mais l'élaboration de ces savoirs est aussi le produit du travail des enseignants, qui ont souvent disposé d'une assez large liberté de fait. En outre, le contexte matériel et les modes d'évaluation des élèves conditionnent la nature des savoirs enseignés. Selon les époques, ces facteurs se sont articulés différemment, mais, avec la croissance des institutions scolaires, les logiques internes au système sont devenues de plus en plus déterminantes.

I. – La domination de la culture générale dans l'Antiquité

Le principe fondateur des savoirs scolaires dans l'Antiquité gréco-romaine peut se résumer en une formule empruntée à Henri-Irénée Marrou : la « surélévation métaphysique des valeurs culturelles ». Athéniens et Romains sacralisent la culture générale. En témoignent les sépultures des notables grecs, qui rendaient toujours hommage à l'érudition des défunts quelle qu'ait été leur activité professionnelle. Ce sont donc les savoirs constitutifs de cette culture, c'est-à-dire ceux enseignés aux niveaux supérieurs de scolarisation, qui mobilisent l'intérêt des élites politiques ou intellectuelles : grammaire, philosophie, poésie et rhétorique, chez les Grecs ; grammaire, rhétorique et droit, chez les Romains. Les savoirs scientifiques d'alors, notamment la géométrie et l'astronomie, ou les savoirs techniques, n'occupaient qu'une place secondaire à l'école, ou n'y étaient pas enseignés.

Une conséquence de cette logique est la faible préoccupation manifestée à l'égard des savoirs de l'école élémentaire, qui sont demeurés longtemps en marge des débats scolaires. Le spectacle d'un apprentissage laborieux des lettres, des syllabes et du calcul, dans une classe unique où le maître fait déchiffrer les élèves un par un pendant que les autres chahutent, semble presque immuable, des classes élémentaires athéniennes jusqu'aux petites écoles du XVIe siècle, et même jusqu'aux écoles rurales du premier quart du XIXe siècle.

Au niveau supérieur, en revanche, les savoirs scolaires font dès l'origine l'objet de réflexions, de critiques ou de débats étroitement liés à la vie politique et culturelle des sociétés. Les philosophes grecs, des sophistes à Isocrate, sont des enseignants, et c'est dans leurs écoles qu'ils élaborent leur pensée. Dans l'Empire romain, les élites intellectuelles animent un débat permanent sur les savoirs scolaires. L'écrivain Sénèque (60 av. J.-C. - 39) ou l'historien Tacite (55-120) reprochent par exemple à l'enseignement de la rhétorique tel qu'il se pratique à leur époque d'être artificiel et de ne servir qu'à briller dans les joutes oratoires qui constituaient l'équivalent de nos examens universitaires. « Tant d'emphase constitue un défi à la vérité », écrit Tacite. C'était déjà dénoncer ce que Pierre Bourdieu a appelé la « disposition scolastique », qui conduit à « poser des problèmes pour le plaisir de les résoudre »[1]. Des critiques comparables réapparaîtront dans les universités médiévales.

II. – Innovations intellectuelles et pédagogiques dans les universités du Moyen Âge

La proximité des universités avec leur double tutelle monarchique et ecclésiastique entraîne parfois une soumission de certains enseignants à leur égard et un enlisement des savoirs dans un formalisme artificiel. Mais la plasticité des institutions permet aussi aux maîtres de participer aux débats de société et favorise leur créativité intellectuelle. Les universités médiévales pratiquent une relecture des textes de l'Antiquité qui alimente les débats théologiques et juridiques. Après l'étude de la grammaire des auteurs latins, qui constitue l'essentiel du cursus de la faculté des arts, les étudiants sont au contact direct des réflexions intellectuelles les plus avancées de leur époque. C'est ainsi que Thomas d'Aquin (1228-1274) a élaboré à l'Université de Paris une théologie qui tentait d'intégrer au christianisme l'héritage de la philosophie d'Aristote. Ce sont aussi les juristes de la même université qui, à l'occasion de l'affrontement entre Philippe le Bel et le pape Boniface VIII, à la charnière des XIIIe et XIVe siècles, ont établi les fondements juridiques de l'État moderne. Jacques Le Goff a vu dans les universitaires d'alors les premiers intellectuels[2], et Jean Rouche en offre une belle description : « Ins-

1. *Méditations pascaliennes,* Le Seuil, 1997.
2. *Les intellectuels au Moyen Âge,* Le Seuil, « Points Histoire », 1985.

tables et violents, sans discipline, ces gens de plume et de gueule n'en sont pas moins les porteurs et les diffuseurs de la science du temps. »[1]

Les universités médiévales ont également été le lieu d'une mutation significative des modes de transmission du savoir en accordant à l'écrit une place plus importante qu'auparavant. La mémorisation conserve certes une place essentielle et les examens sont exclusivement oraux. Mais la durée et la hiérarchisation des cursus obligent les étudiants à prendre en note l'enseignement des maîtres. Les ateliers de copistes, qui étaient associés à la corporation universitaire avec les fabricants de parchemin, commencent à publier des livres qui annoncent nos actuels manuels scolaires.

À partir de la fin du XIVe siècle, les débats universitaires tendent toutefois à perdre de leur dynamisme et l'institution entame une longue période de déclin. Au XVIe siècle, elle cède du terrain à de nouvelles institutions scolaires, les collèges, qui ont opposé à la relative liberté universitaire un encadrement plus étroit des enseignements par un ensemble de prescriptions politiques et religieuses.

III. – Des collèges aux lycées : le latin au service de la moralisation des élites sociales

Nés de la Contre-Réforme, les nouveaux collèges qui apparaissent au XVIe siècle s'inscrivent dans une conception des savoirs scolaires plus étroitement associés qu'auparavant à des préoccupations moralisa-

1. *Histoire générale de l'enseignement et de l'éducation en France,* « Des origines à la Renaissance », Nouvelle Librairie de France, 1981.

trices : « Il s'agit de christianiser les jeunes seigneurs et de leur inculquer les valeurs cléricales de savoir et de discipline », écrit Marie-Madeleine Compère[1].

Ainsi, les textes des auteurs latins qui constituent la base de l'enseignement sont choisis en fonction de la valeur morale et religieuse qu'on leur attribue. Dans les *Selectae,* recueil de morceaux choisis dont certains seront publiés jusqu'en 1927, ce sont « la religion, les bonnes mœurs, les bienséances et les exigences de la rhétorique »[2] qui sont les critères de sélection des textes et des auteurs. Alors que l'Université et les premiers collèges acceptaient par exemple l'étude des comédies de Plaute ou de Térence, les Jésuites les jugent trop licencieuses et vont progressivement les éliminer de leur programme. Dès le XVIIe siècle, les éditeurs proposent à destination des publics scolaires des versions d'auteurs latins expurgées de leurs allusions érotiques ou des épisodes les plus violents des récits mythologiques.

Ces pratiques n'ont certes jamais fait l'unanimité dans la société française. L'usage quasi exclusif du latin dans les collèges et à l'Université avait par exemple été discuté dès le XVIe siècle, notamment par les protestants, qui traduisaient la Bible pour la rendre intelligible à tous les chrétiens. Ces critiques ont culminé pendant la Révolution. En 1794, l'abbé Grégoire défend l'usage du français et condamne en même temps le conservatisme de l'enseignement des collèges. Il stigmatise « la prévention ridicule qui, exaltant toujours les étrangers et les anciens aux dépens des nationaux et des modernes, s'obstine à n'admirer que ce qui s'est fait à deux mille ans ou à 2 000 lieux de distance ».

1. Marie-Madeleine Compère, *op. cit.,* chap. 1, n. 2.
2. André Chervel, *La culture scolaire,* Belin, 1988.

Mais la création des lycées par Napoléon Bonaparte a rétabli et renforcé une conception moralisatrice et conservatrice des savoirs transmis par l'enseignement secondaire – et, avec elle, la prédominance du latin. Les raisons de ce choix sont explicites : « Tant qu'on n'apprendra pas dès l'enfance s'il faut être républicain ou monarchique, catholique ou irréligieux, l'État ne formera point une nation (...), il sera constamment exposé aux désordres ou aux changements », proclame Napoléon Ier. Aux morceaux choisis de Tite-Live, Cicéron ou Virgile, s'ajoutent désormais Corneille ou Bossuet. Moins étudiés qu'imités, ces auteurs servent à apprendre en même temps la grammaire, l'histoire, la versification, et surtout à rédiger en prose ou en vers des compositions qui exaltent les vertus chrétiennes et patriotiques.

IV. – Savoirs et normalisation sociale, des petites écoles à l'école républicaine

Un même mouvement de prescription de savoirs moralisateurs est perceptible dans les petites écoles dès le XVIIe siècle, même si l'on n'y enseigne pas le latin.

Dans la seconde moitié du siècle, congrégations et municipalités multiplient les créations de petites écoles, ou écoles de charité : Ursulines, Visitandines ou Sœurs de Saint-Vincent de Paul pour les filles ; pour les garçons, les écoles municipales ouvertes par Charles Démia à Lyon ou la congrégation des Frères des écoles chrétiennes fondée en 1678 à Paris par Jean-Baptiste de la Salle. Les principes pédagogiques énoncés par ce dernier, inspirés des pratiques des collèges, marquent une rupture fondamentale dans l'histoire de l'école élémentaire : les élèves y sont autant que possible regroupés par niveau dans la même classe, ils utilisent les mêmes livres et ils sont étroitement encadrés par un système sophistiqué de récompenses et de punitions. Jean-Baptiste de la Salle publie aussi un manuel de civilités, *Les règles de la bienséance,* qui sera réédité 200 fois, et dont les titres de chapitre indiquent la volonté d'associer instruction et inculcation de normes comportementales : « Du nez et de la manière de se moucher et d'éternuer », « Du parler et de la prononciation », « Des parties du corps qu'on doit cacher et des nécessités naturelles »... La nouvelle « forme scolaire » du XVIIe siècle ambitionne de mieux instruire le peuple en lui inculquant en même temps les normes sociales en vigueur dans les couches supérieures de la société. L'école s'inscrit désormais dans ce que le sociologue Norbert Elias a appelé *La civilisation des mœurs*[1].

Jusqu'au début du XIXe siècle, ces nouvelles formes de scolarisation ne touchent toutefois que certaines grandes villes. Les petites écoles rurales demeurent des écoles à classe unique où le maître, qui sait en général tout juste lire et écrire avec une orthographe phonétique, fait déchiffrer chaque élève l'un après l'autre.

À partir de la loi Guizot de 1833, le modèle pédagogique des écoles des Frères s'impose progressivement. « L'instruction primaire universelle est désormais une des garanties de l'ordre et de la stabilité sociale », écrit le ministre de Louis-Philippe. À la veille de l'instauration de la IIIe République, la quasi-totalité des enfants français sont scolarisés, au moins à temps partiel, dans des écoles où enseignement par niveaux et manuels se généralisent, et où punitions et récompenses encadrent sans cesse le travail des élèves.

1. Calmann-Lévy, « Agora », 2002.

L'école républicaine introduit évidemment avec la période précédente la rupture fondamentale de la laïcité. Mais elle reprend à son compte et conforte le projet d'inculcation des normes et des valeurs dominantes. Contrôle de l'hygiène et leçons de morale y sont des pratiques quotidiennes, programmées et codifiées. Même les problèmes d'arithmétique ont été parfois convoqués au service de cette entreprise de moralisation, comme en témoigne cet extrait d'un manuel de 1895 : « Un ouvrier paresseux recevait 62 F par quinzaine ; obligé de travailler aux pièces, il n'a gagné que 46 F : de combien sa recette se trouve-t-elle diminuée ?[1] Tous les manuels ne sont évidemment pas porteurs de sujets aussi caricaturaux, mais l'école primaire républicaine est bien une institution qui associe étroitement instruction et inculcation de valeurs et de normes sociales.

V. – **Deux nouveaux savoirs scolaires : l'orthographe et les poids et mesures**

Si l'école primaire du XIXe siècle reprend les principes des écoles des Frères du siècle précédent, elle introduit aussi une nouveauté significative : deux nouvelles disciplines, l'orthographe et les poids et mesures, deviennent les savoirs emblématiques de l'instruction élémentaire.

Leur émergence est exemplaire de la manière dont peuvent se construire les savoirs scolaires. À l'origine, il y a la volonté de l'État de privilégier des savoirs qui participent à la constitution d'une identité nationale et favorisent la diffusion de modes de pensée rationalisés. Enseigner les poids et mesures et l'orthographe, c'était uniformiser les normes linguistiques, commer-

1. « Première année d'arithmétiques », Colin, 1895.

ciales et techniques sur tout le territoire, mais aussi inculquer l'esprit de méthode et de précision indispensable à la main-d'œuvre des nouvelles entreprises industricllcs.

Mais, après leur diffusion à marche forcée dans les Écoles normales ouvertes par Guizot, les instituteurs vont se les approprier au point d'en faire les disciplines fondatrices de leur identité professionnelle. Car c'est à leur maîtrise de l'orthographe qu'ils doivent leur prestige dans les villages, souvent confirmé par leur nomination comme secrétaire de mairie, et aussi leur légitimité par rapport aux professeurs des collèges, qui savent mieux le latin que l'orthographe du français. La logique de l'examen achève ensuite le processus : la généralisation du certificat d'études primaires à partir de 1882 consacre définitivement l'orthographe, qui se prête facilement, comme les poids et mesures, à une notation précise et objective.

Pourtant, le directeur de l'enseignement primaire de Jules Ferry, Ferdinand Buisson, futur prix Nobel de la paix, tente dès 1879 d'imposer une réforme de l'orthographe. « Ce que nous vous demandons à tous, écrit-il en 1880 aux inspecteurs et aux directeurs d'Écoles normales, c'est de nous faire des hommes avant de nous faire des grammairiens (...). À la dictée – à l'abus de la dictée – il faut substituer un enseignement plus libre, plus vivant, plus substantiel. »[1] La résistance des maîtres sera pourtant la plus forte. La réforme de l'orthographe demeure très limitée, la dictée poursuit une longue carrière scolaire et les poids et mesures sont toujours enseignés aujourd'hui.

1. Cité par André Chervel, *op. cit.*

VI. – La difficile reconnaissance des savoirs scientifiques

Bien que le temps passé à l'étude du latin ait été considérable, mathématiques et sciences n'étaient pas absentes des collèges de l'Ancien Régime ou des lycées napoléoniens. Chez les Jésuites, la dernière classe, celle de philosophie, comprend un enseignement scientifique et mathématique auquel René Descartes, élève du collège de La Flèche, a rendu hommage. Mais ces disciplines occupent une place marginale.

Au XIXe siècle, cette marginalité se maintient et se matérialise même par un cursus parallèle. À partir d'une expérience de la révolution dite des « écoles centrales », un enseignement scientifique modernisé avait été implanté dans certains collèges ou lycées. Mais cet enseignement ne commençait qu'au niveau de la troisième. Or les grandes écoles de l'État héritées du XVIIIe siècle, notamment Polytechnique, proposaient des concours d'entrée qui n'exigeaient pas le baccalauréat. Les élèves qui souhaitaient préparer ces concours le faisaient donc dans les filières scientifiques des lycées après la troisième, où ils abandonnaient de fait l'étude du latin, des humanités classiques, et la préparation du baccalauréat. Comme les universités, à l'exception de la médecine, ne proposaient pas d'enseignement scientifique, la formation des cadres scientifiques et techniques s'est ainsi nettement isolée de celles des élites politiques et juridiques. Les uns préparaient les grandes écoles à l'écart de la culture générale, les autres entraient à l'Université à l'écart de la culture scientifique.

Cette situation est très tôt dénoncée. Après plusieurs tentatives de réformes pendant le Second Empire, c'est en définitive la IIIe République qui y a apporté les corrections les plus significatives à partir de 1880. D'une part, les républicains réorganisent et développent l'Université, construisant ou reconstruisant des facultés, notamment scientifiques, sur l'ensemble du territoire. On dénombre 1 355 étudiants en sciences dès 1888, et ils sont plus de 6 000 en 1914. D'autre part, une réforme des lycées donne à partir de 1902 plus de place à l'enseignement scientifique. Elle crée quatre sections dans les lycées et collèges, avec les baccalauréats correspondants : latin-grec (A), latin-langues (B), latin-sciences (C) et une section scientifique dite « moderne » sans latin (D). Cette architecture des disciplines du secondaire est restée à peu de choses près en l'état jusqu'aux réformes de la Ve République. Or, si elle accorde une reconnaissance plus affirmée aux enseignements scientifiques, elle maintient clairement le latin et les humanités classiques dans leur statut de discipline d'excellence.

À l'école primaire, le contexte est différent, puisque le latin n'y est pas enseigné, sauf dans les classes élémentaires des lycées. L'enseignement scientifique y était cependant maintenu dans un cadre utilitariste. La loi de 1881, qui rend l'enseignement primaire obligatoire et le laïcise, limite l'instruction scientifique aux « éléments des sciences naturelles, physiques et mathématiques, leur application à l'agriculture, à l'hygiène, aux arts industriels, travaux manuels et usage des outils des principaux métiers ». D'où les problèmes de clôture de champs en géométrie et de gestion du budget familial en arithmétique qui ont alimenté les manuels du primaire pendant plus d'un siècle.

Dès le Second Empire, pourtant, Victor Duruy, ministre de l'Instruction publique de Napoléon III, puis Octave Gréard, directeur de l'enseignement primaire de la Seine, ont tenté de mettre en œuvre un véritable enseignement des sciences expérimentales. Certains des dirigeants de la IIIe République qui leur succèdent sont convaincus que l'enseignement scientifique est celui de la « non-crédulité », le seul capable d'opposer efficacement la raison à la foi. Jules Ferry renforce donc le dispositif antérieur et incite instituteurs et institutrices à pratiquer la « leçon de choses », initiation à la science expérimentale dans laquelle les républicains voient « une occasion toujours recommencée d'édifier les élèves et de proposer à leur admiration les vertus attribuées à la recherche de la vérité »[1]. Mais la leçon de choses dérive souvent vers la « leçon de mots ». Elle nécessite la mise en œuvre d'un dispositif expérimental qui perturbe l'ordre traditionnel de la classe, et elle ne peut pas être évaluée au certificat d'études.

VII. – **Le coup d'État des mathématiques**

À partir du début des années 1960, la politique volontariste de modernisation et de démocratisation menée par le général de Gaulle a provoqué une inversion rapide de la hiérarchie des disciplines. « Il s'agit que l'enseignement (...) réponde aux conditions de l'époque, qui sont utilitaires et techniques », écrira le général de Gaulle dans ses mémoires. Le Général veut former les cadres scientifiques et techniques dont la nation a besoin pour affirmer sa puissance industrielle et militaire. Les disciplines scientifiques ont dès lors été privilégiées – et, parmi elles, celle qui avait acquis le plus d'importance pour la sélection à l'entrée dans les grandes écoles, les mathématiques.

1. Pierre Kahn, *La leçon de choses,* Presses du Septentrion, 2002.

Parallèlement aux réformes de structures qu'elle a initiées dès 1959, la Ve République a donc développé les enseignements scientifiques, surtout supérieurs. Entre 1958 et 1968, les effectifs des grandes écoles et des écoles d'ingénieurs, dont la majorité est scientifique, passent de 40 000 étudiants à 89 000, et ceux des classes préparatoires de 18 000 à 31 000. À un niveau plus modeste, la création des IUT (Instituts universitaire de technologie) en 1966 augmente l'offre de formation en sciences appliquées. Simultanément le latin perd son rôle de discipline d'excellence et est supprimé en sixième à la rentrée de 1968. Edgar Faure, le ministre qui accomplit cette réforme, affirme procéder à « une véritable démystification » en supprimant « un frein à la démocratisation ». C'était à la fois admettre que le latin n'était plus qu'un moyen de maintenir une sélection au profit des enfants des familles les plus cultivées, et supposer que sa suppression allait favoriser un accès plus démocratique aux savoirs dispensés dans l'enseignement secondaire.

Mais dans la logique du secondaire français, héritier des lycées napoléoniens, les programmes sont une déclinaison des savoirs universitaires. Ils ne sont pas conçus pour instruire le plus grand nombre d'élèves possible, mais pour sélectionner les meilleurs, ceux qui sont admis dans les filières les plus prestigieuses de l'enseignement supérieur. La montée en puissance des mathématiques n'a donc pas été conduite dans le souci de diffuser une culture scientifique à tous les élèves, mais pour alimenter la croissance des écoles d'ingénieurs voulue par le général de Gaulle. En 1965, une réforme crée quatre nouvelles sections dans les lycées d'enseignement général : A (littéraire), B (économique), D (sciences expérimentales), et C (mathématiques). Presque immédiatement, la section C attire les meilleurs élèves puisque son programme est conçu comme une propédeutique des classes préparatoires aux grandes écoles scientifiques et aux écoles d'ingénieurs, lesquelles conduisent désormais aux emplois les plus rémunérateurs de l'industrie et du commerce. L'ensemble des filières supérieures sélectives ont alors suivi le mouvement et ont modifié leurs critères de sélection pour recruter en priorité les titulaires du baccalauréat C, devenu aujourd'hui le bac « S ». Pour devenir vétérinaire, directeur commercial ou médecin, il a donc fallu être « matheux », quand il fallait être latiniste vingt ans plus tôt. En une dizaine d'années, les mathématiques ont pris la place du latin en tant que discipline d'excellence de l'enseignement secondaire.

VIII. – **L'école contemporaine : explosion des savoirs et hiérarchies internes**

Si la nouvelle domination des mathématiques a marqué la fin de l'ère latiniste, elle n'a pas pour autant annoncé la fin des débats sur les savoirs scolaires. L'école contemporaine est désormais confrontée à des exigences permanentes de transformation des savoirs enseignés qui se manifestent à trois niveaux différents.

L'évolution rapide des savoirs universitaires a d'abord provoqué la mutation de certaines disciplines. En français, le développement de la linguistique à l'Université a par exemple entraîné une transformation radicale de l'enseignement de la grammaire et de la littérature. Le célèbre triptyque « sujet, verbe, complément » est devenu « groupe nominal » et « groupe verbal », articles et pronoms sont devenus des « déterminants ». Quant à l'explication de texte, elle vise désormais à repérer le « point de vue du narrateur » ou les « champs lexicaux ». En mathématiques, si l'enseignement de la théorie des ensembles introduit à la fin des années 1960 a finalement été abandonné, l'enseignement de l'arithmétique et de la géométrie à l'école primaire a été profondément transformé.

L'émergence de nouvelles disciplines universitaires a ensuite eu des conséquences directes sur les savoirs enseignés à l'école. La réforme du secondaire en 1965 a donné naissance à une nouvelle filière de sciences économiques et sociales (B, devenue aujourd'hui ES), amalgame de deux disciplines universitaires apparues au XXe siècle, l'économie et la sociologie. Les enseignements techniques et scientifiques, quant à eux, ont dû intégrer une partie des nouvelles spécialités, de la biologie moléculaire à l'électronique en passant par la climatologie.

Enfin, l'école est aussi plus sollicitée qu'auparavant pour prendre en charge la transmission de nouveaux savoirs antérieurement transmis ailleurs. Au collège, l'enseignement des travaux manuels s'est par exemple transformé en enseignement de la technologie. On peut compter au nombre de ces nouvelles demandes l'éducation sexuelle, l'éducation au Code de la route ou l'introduction de l'écologie dans les programmes des sciences naturelles, devenues « sciences et vie de la Terre ».

La construction de savoirs scolaires est donc toujours déterminée par l'articulation des priorités politiques, des pratiques des enseignants et des contraintes produites par le contexte matériel et les modes d'évaluation. Mais la complexité du système et la pression d'une nouvelle demande sociale multiforme et contradictoire opacifient les critères de choix et aboutissent à des arbitrages dont la logique n'est pas toujours évidente. En témoignent les tribulations de l'enseignement de la physique et de la chimie, dont les horaires ont été transformés à de multiples reprises ces vingt dernières années, ou encore la faiblesse des enseignements artistiques à l'école, dans une société où l'image et la musique occupent pourtant une place centrale.

Ces derniers exemples montrent qu'avec la généralisation de la forme scolaire moderne, centrée sur l'activité écrite des élèves, les arbitrages en matière de savoirs scolaires s'opèrent souvent en fonction des modalités d'examen et des rapports de force qu'ils traduisent entre les disciplines. Des coefficients de chaque discipline dans les différents baccalauréats et de leur importance dans l'enseignement supérieur découle une hiérarchie des savoirs qui influence l'ensemble du système en amont. La disparition progressive des épreuves de dessin dans les concours d'entrée aux grandes écoles d'ingénieurs a ainsi annoncé la marginalisation définitive des arts plastiques au collège et au lycée. Et les difficultés de la physique et de la chimie doivent beaucoup à leur rivalité avec les mathématiques, qui disposent de coefficients plus élevés dans les concours. Le système offre en fait une prime au plus fort : les disciplines dominantes ont les horaires les plus lourds, donc les enseignants les plus nombreux, les effectifs syndicaux les plus représentatifs et les corps d'inspection les plus puissants. La construction des savoirs scolaires et leur hiérarchisation résultent aujourd'hui autant des rapports de force internes au système éducatif que des débats scientifiques et culturels dans la société.

Chapitre III

ÉVOLUTION DES PRATIQUES ÉDUCATIVES ET CONTROVERSES PÉDAGOGIQUES

Jusqu'au milieu du XXe siècle, les pratiques éducatives et pédagogiques dominantes ont été essentiellement autoritaires, contraignantes et répressives. Certes, dès l'Antiquité, philosophes et pédagogues avaient dispensé des enseignements consacrés à l'élévation spirituelle des individus par la culture, mais les méthodes demeuraient coercitives. Ce n'est qu'à la fin du XVIIIe siècle que des réflexions et des expériences pédagogiques ont commencé à rompre significativement avec les conceptions antérieures et ont annoncé les mutations des méthodes d'éducation qui ont caractérisé le XXe siècle et le début du XXIe.

I. – La pédagogie à l'aune de la tradition grecque

Les institutions scolaires mises en place par la société grecque de l'âge classique étaient consacrées à l'acquisition d'une culture générale exigeante. La pédagogie grecque s'apparente à une longue ascèse et suppose l'étude respectueuse du savoir des prédécesseurs. La liberté de l'homme cultivé n'est accessible qu'au terme de longues années de contrainte, d'efforts et de soumission.

Ces principes ont certes été réinterprétés par les Romains dans un sens plus utilitariste, notamment pour la formation de leurs élites politiques et juridiques. En outre, après la chute de l'Empire, ils ont presque été oubliés. Et leur réhabilitation par les premières universités médiévales du XIIIe siècle a été logiquement subordonnée aux dogmes du christianisme. Ils n'en sont pas moins restés la référence de toute pratique pédagogique, comme en témoigne l'organisation des études dans les universités médiévales. Les savoirs fondamentaux qui y sont enseignés, « les arts libéraux », demeurent ceux du *trivium* et du *quadrivium* hérités de la Grèce classique via les écoles romaines. De la même manière, on sait combien la pensée humaniste de la Renaissance s'est appuyée sur une réinterprétation des œuvres de l'Antiquité gréco-latine.

L'idéal de l'homme cultivé, l' « honnête homme » du XVIe siècle, est donc demeuré peu ou prou la finalité de toute pédagogie depuis l'Antiquité. Or cet idéal ne supposait pas la reconnaissance de la personnalité de l'enfant, au contraire : c'est d'un dressage qu'il s'agissait. Lorsque le poète grec Herondas met en scène un maître d'école, la punition corporelle est immédiatement évoquée : « Où est le cuir dur, la queue de bœuf dont je bats les réfractaires mis aux fers ? », demande le maître en colère. Et lorsque, au début du XVe siècle, le théologien réformateur Gerson tente de rappeler la nécessité de l'amour dans l'éducation, il n'en demeure pas moins fidèle à une interprétation du dogme du péché originel qui suppose la perversion naturelle de l'enfant. Aussi enjoint-il les parents de ne « mener » les enfants ni « trop dur » ni « trop doulx », et se contente-t-il de limiter l'usage des verges au strict nécessaire. Moins nuancé, Bossuet comparera encore deux siècles plus tard la petite enfance à « la vie d'une bête ».

Pour tous les milieux sociaux, de l'Antiquité jusqu'au XIXe siècle et même au-delà, les pratiques éducatives dominantes sont donc demeurées autoritaires, et souvent brutales.

II. – La longue persistance des pratiques traditionnelles

Si les travaux de l'historien Philippe Ariès, qui a souligné avec vigueur ce mode de rapport à l'enfance, ont pu être nuancés depuis, il demeure incontestable que l'affection pour le petit enfant ne constituait pas, comme c'est le cas aujourd'hui, un enjeu central de la vie familiale. Au début du XXe siècle, des traces de cet état d'esprit sont encore perceptibles dans les milieux les plus modestes : une institutrice née en 1900 rapporte que, dans son village du Briançonnais, si les mères s'émouvaient durablement de la mort d'un enfant avant l'âge de 5 ans, beaucoup de pères se résignaient encore facilement à une disparition qui constituait aussi, à leurs yeux, « une bouche de moins à nourrir ».

La forte mortalité infantile et la rigueur des conditions de vie expliquent en grande partie cette relative distance manifestée à l'égard de la petite enfance. La nécessité d'engendrer beaucoup d'enfants pour n'en garder que quelques-uns limite l'affection pour les tout-petits. En outre, en période de pénurie, l'enfant de moins de 5 ou 6 ans, encore dépendant et incapable de fournir une aide productive à la famille, pouvait être considéré comme une charge supplémentaire.

Mais le statut mineur de la petite enfance s'explique aussi par la représentation très sommaire que l'on se fait des performances cognitives des enfants. Au

XVIIe siècle, l'Église, dans la suite de la Grèce antique, avait fixé à 7 ans « l'âge de raison », c'est-à-dire l'âge auquel les êtres humains commencent à être capables de « discerner le bien et le mal, les actions qui offensent Dieu et celles qui lui sont agréables ». Jusqu'à 7 ans, le petit enfant n'est donc redevable que d'une surveillance plus ou moins affectueuse des mères, d'une transmission sévère des civilités de base et des soins que l'on est capable de prodiguer.

Quant à l'enfance et à la jeunesse, elles sont par nécessité plus courtes qu'aujourd'hui, et surtout beaucoup plus étroitement associées à la vie des adultes. Celui que l'on nomme indifféremment « jeune », « enfant » ou « adolescent », c'est d'abord celui qui apprend en obéissant, en imitant le travail des adultes et en rendant service. Cette proximité se paie au prix fort : à la pratique fréquente du fouet pendant la petite enfance succède celle des coups, à mains nues ou avec divers objets adéquats. De tels principes s'appliquent dans tous les milieux sociaux, même si, bien sûr, les enfants n'apprennent pas la même chose et si les punitions corporelles ne sont pas de même nature. Ainsi, à 7 ans, le futur Louis XIII participe à tous les jeux et spectacles de la cour (y compris les spectacles grivois ou les jeux d'argent), monte à cheval, chasse, apprend le maniement des armes, et il est fouetté lorsqu'il désobéit à son précepteur.

Cette participation précoce aux activités des adultes entraîne une manifestation immédiate et parfois brutale de leur autorité mais elle permet aussi une grande liberté de mouvement lors des moments de temps libre. Les jeunes des villages sont souvent organisés en associations qui jouissent d'une reconnaissance officielle. Elles portent des noms variés (*bacchelleries, jeunesses, liesses, vogues,* etc.) et sont conviées à participer à l'organisation des fêtes religieuses ou laïques, alors extrêmement fréquentes. La communauté leur reconnaît ainsi la capacité à organiser des rituels essentiels pour le maintien de l'identité collective, et espère en retour une forme de canalisation du « tumulte » de la jeunesse, ce que l'on appelle alors son « impatience ». Canalisation souvent difficile : témoin, cette intervention de l'évêque d'Angers en 1595, qui interdit les associations de jeunes dans son diocèse au motif qu'à l'occasion des fêtes religieuses « les jeunes gens de l'un et l'autre sexe » organisent des quêtes en promettant d'acheter « un cierge en l'honneur de Notre-Dame » alors qu'ils dépensent en fait le produit de leur quête « en banquets, ivrogneries et autres débauche ». Hors des collèges et des petites écoles, la jeunesse disposait d'une certaine liberté.

Après la Révolution, la scolarisation et la conscription annoncent la fin de cette forme d'autonomie, tandis que les pratiques éducatives dominantes, demeurées autoritaires et répressives, légitiment des pratiques pédagogiques tout autant coercitives.

III. – Scolarisation et conscription au XIXe siècle : l'enfance et la jeunesse sous contrôle

Avant la Révolution française, l'armée ne constituait pas un passage obligé de la jeunesse masculine. Il n'y avait pas de conscription obligatoire, sauf « levées » exceptionnelles.

En revanche, dans la logique patriotique de l'État-nation, la Révolution instaure en 1798 la conscription obligatoire, qui sera ensuite adoptée par toute l'Europe, sauf la Grande-Bretagne. S'il a longtemps existé des dispositifs qui permettaient aux jeunes des milieux aisés de se soustraire à l'obligation militaire, pour les autres le « service militaire » est vite devenu ce long rituel d'initiation virile dont le « jeune » revient « homme » et que nous avons connu jusqu'à ces dernières années. Le conscrit a voyagé loin, souvent pour la première et la dernière fois de sa vie, il a fréquenté des hommes d'autres milieux, des prostituées l'ont initié au sexe, il s'est physiquement endurci. Plus que l'entrée sur le marché du travail ou le mariage, l'armée signale dès lors l'accès des mâles à l'âge adulte.

Simultanément, à partir de la loi Guizot en 1833, la scolarisation élémentaire se généralise dans les milieux populaires, tandis que les enfants de la bourgeoisie fréquentent de plus en plus systématiquement lycées et collèges. Les méthodes pédagogiques y sont autoritaires, le recours à la punition corporelle fréquent, et la répression obsessionnelle de la masturbation dans les internats masculins témoigne de la pression d'une morale puritaine. La « forme scolaire » impose ses principes répressifs.

Enfance et jeunesse deviennent donc des moments de la vie plus précisément délimités et encadrés, définis par des critères plus objectifs et plus standardisés. En amont, la fréquentation de plus en plus régulière de l'école communale ou des classes élémentaires de lycée distancie progressivement les enfants de la vie des adultes et marque symboliquement les étapes de l'enfance et de l'adolescence. En aval, le service militaire introduit une rupture plus précoce et plus visible que le mariage et marque clairement pour les garçons la fin de la jeunesse. Le jeune devient celui qui « n'a pas encore fait son service » ou, pis, qui n'a pas été accepté au conseil de révision ; il est aussi celui qui sait ou ne sait pas lire et écrire, et, à partir du début du XXe siècle, qui a, ou n'a pas, été reçu au certificat d'étude.

En outre, conscription et scolarisation ont contribué à accentuer les différenciations sexuelles. Le service militaire, c'est une évidence, n'a jamais concerné les jeunes filles. On sait moins que l'enseignement secondaire public a été interdit aux jeunes bourgeoises jusqu'en 1880, date de la première création des lycées de filles. Il faudra, en outre, attendre 1924 pour que les programmes des lycées masculins et féminins soient harmonisés. L'institution a, ainsi, longtemps perpétué un point de vue que l'évêque Dupanloup avait clairement exprimé au milieu du XIXe siècle : « Les jeunes filles sont élevées dans la vie privée et pour la vie privée ; je demande qu'elles ne soient pas conduites aux cours, aux examens, aux diplômes (...) qui conduisent les hommes à la vie publique. » Les jeunes filles de la bourgeoisie ont de fait été enfermées dans un rôle de gardiennes d'une moralité puritaine dont les hommes étaient partiellement affranchis, et surtout elles n'ont pas eu accès à la culture générale que délivraient les lycées. De cette époque date le stéréotype de la jeune fille prude, romantique et inapte à comprendre les complexités de la politique et de la science, stéréotype qui n'aurait sans doute pas eu le même succès au temps du libertinage et des salons philosophiques du siècle précédent.

L'école du XIXe siècle et du début du XXe participe donc, en même temps que le service militaire obligatoire, à un vaste processus d'isolement et de contrôle de la jeunesse, dont les prémices avaient été perceptibles dans les collèges et les écoles des Frères dès le XVIe siècle, et qui s'accompagne d'un renforcement des différenciations sexuelles. La longue persistance des punitions corporelles à l'école primaire témoigne de cet aspect de la scolarisation.

IV. – De Rousseau à Freinet, l'émergence des contre-cultures pédagogiques

Dès la fin du XVIIIe siècle, s'élaborent et s'expérimentent des contre-modèles pédagogiques qui s'opposent aux pratiques coercitives dominantes et préparent une mutation radicale des modèles éducatifs.

Au XVIIe siècle, l'œuvre du théologien morave Jan Amos Komensky, plus connu sous le nom de Comenius, avait annoncé l'émergence d'une réflexion sur les spécificités psychocognitives de l'enfance. Mais c'est la publication en 1762 de l'*Émile* de Jean-Jacques Rousseau qui constitue, au moins pour les pays de culture francophone, le point de départ de ce processus. De cette œuvre philosophique complexe il est difficile de tirer une synthèse brève. Ce qui en fait la dimension fondatrice en matière de pédagogie nouvelle, c'est le parti que prend son auteur de considérer d'abord l'enfant à éduquer pour ce qu'il est, et non pas pour ce qu'il est supposé devenir : « On ne connaît point l'enfance : sur les fausses idées qu'on en a, plus on va, plus on s'égare. Les plus sages s'attachent à ce qu'il importe aux hommes de savoir, sans considérer ce que les enfants sont en état d'apprendre. Ils cherchent toujours l'homme dans l'enfant, sans penser à ce qu'il est avant que d'être homme (...). Commencez donc par mieux étudier vos élèves ; car assurément vous ne les connaissez point. » Cette profession de foi, qui fait de l'enfant un individu à part entière et non plus seulement un adulte inachevé, va être reprise par la quasi-totalité des pédagogues novateurs pendant les deux siècles suivants.

C'est notamment le cas du Suisse Johann Heinrich Pestalozzi (1746-1827) et de l'Allemand Friedrich Fröbel (1782-1852). Le premier se référait explicitement à Rousseau, et le second est un disciple du premier. L'un et l'autre peuvent être considérés comme les pionniers des pédagogies nouvelles dans la mesure où leurs trois principaux axes d'expérimentation sont demeurés jusqu'à aujourd'hui représentatifs des projets de la plupart des mouvements pédagogiques : élaborer des méthodes adaptées aux possibilités cognitives et aux motivations des enfants ou des adolescents, associer systématiquement les apprentissages intellectuels, leurs applications pratiques et les activités physiques, ludiques ou manuelles des élèves, enfin considérer l'école comme une communauté d'individus solidaires. Les élèves de Pestalozzi travaillent dans un atelier en même temps qu'ils apprennent à lire par des méthodes nouvelles. Dans les jardins d'enfants *(Kindergarten)* de Fröebel, le jeu est considéré comme une activité pédagogique à part entière. Ces deux pionniers sont aussi représentatifs du mouvement des pédagogies nouvelles par la dimension politique qu'ils attribuent à leur action : l'un et l'autre sont engagés dans le combat pour la démocratie et veulent s'adresser prioritairement aux enfants les plus démunis.

À des degrés divers, et avec des visées philosophiques et politiques parfois divergentes, les mêmes axes de réflexion et d'expérimentation se retrouvent chez la plupart des pédagogues qui auront au XXe siècle une influence déterminante : le Belge Ovide Decroly (1871-1932), inventeur de la méthode globale ; l'Italienne Maria Montessori (1870-1952), militante de la pédagogie par le jeu ; l'Américain John Dewey (1859-1952), pionnier des méthodes actives ; l'Anglais Alexander Sutherland Neill (1883-1973) et son école autogérée de Summerhill ; ou encore le pédagogue soviétique Anton Semyonovitch Makarenko (1888-1939).

En France, c'est surtout après la Première Guerre mondiale que les mouvements pédagogiques prennent leur essor. Le traumatisme du massacre des tranchées et la montée des fascismes ont favorisé l'émergence de courants de pensée pacifistes qui établissent une relation entre la pédagogie autoritaire des enseignements primaires et secondaires et l'asservissement des masses aux idéologies totalitaires et guerrières. Au milieu du foisonnement des mouvements de jeunesse, d'éducation populaire ou de formation d'adultes qui naissent au cours de cette période, apparaissent notamment dans le champ pédagogique le Groupement français pour l'éducation nouvelle (GFEN) en 1922, les Centres d'entraînement aux méthodes actives (CEMEA) en 1936, et le mouvement initié par l'instituteur Célestin Freinet à la fin des années 1920. Ce dernier met en application dans sa classe de Saint-Paul-de-Vence la plupart des principes des pédagogies nouvelles : production et impression d'un journal par les élèves, correspondance avec d'autres écoles, coopérative scolaire autogérée, enquête sur l'environnement socio-économique de l'école, fichiers d'autocorrection... Le mouvement Freinet a connu un succès significatif, et certaines de ses pratiques, notamment les coopératives scolaires, ont été institutionnalisées, parfois au détriment de leurs objectifs initiaux.

Mais, en 1933, Freinet est muté d'office, ainsi que certains des collègues qui l'avaient soutenu, et il démissionne pour fonder une école privée. L'hostilité des notables provençaux et de certains inspecteurs de l'Éducation nationale qui a abouti à son éviction est exemplaire de la forte réticence qu'une majorité de la société française manifeste alors à l'égard des pédagogies nouvelles. L'autonomie et la confiance que Freinet accorde aux enfants, sa volonté de favoriser entre eux des relations coopératives et communautaires, heurtent de front les deux traditions pédagogiques successives que l'école française a cumulées : la conception répressive dominante dans l'Église catholique, qui a repris à son compte les pratiques autoritaires de l'Antiquité, puis la conception républicaine, qui a fait de l'école laïque l'instrument d'une inculcation volontariste des valeurs de la République. Dans les deux cas, le maître est dépositaire d'une autorité, celle de l'Église ou celle de l'État républicain, qui transcende toute autre forme de relation aux élèves. Ce n'est pas un hasard si les grandes figures des mouvements pédagogiques viennent plus souvent de pays où la culture protestante est influente et a favorisé une conception participative et communautaire de la démocratie. Il n'est pas surprenant non plus qu'elles soient mal reçues dans un pays où l'autorité de l'Église ou de l'État a toujours prévalu sur la liberté du chrétien ou du citoyen.

Mais, au lendemain de la Seconde Guerre mondiale, les pédagogues novateurs vont être à la fois soutenus et relayés par la psychologie, qui se vulgarise et se diffuse rapidement dans la société.

V. – **Réussite sociale des psychologues, échec scolaire des pédagogues ?**

Dès sa constitution en tant que science, dans la seconde moitié du XIXe siècle, la psychologie s'est intéressée à l'enfance et à l'adolescence. Au début du XXe siècle, la psychologie américaine élabore par exemple la conception moderne de l'adolescence, qu'elle définit comme une seconde naissance *(new birth)*. Mais ce sont surtout les travaux de la psychologie du développement, et particulièrement ceux de Jean Piaget (1896-1980), qui vont apporter aux pédagogues novateurs le soutien de la science. Collaborateur d'un autre psychologue qui avait déjà inspiré Freinet, Édouard Claparède (1873-1940), Piaget étudie les différents stades du développement cognitif de l'enfant et de l'adolescent. Ses travaux vont ainsi légitimer deux des principes communs à tous les mouvements pédagogiques : l'éducabilité précoce du petit enfant, d'une part ; la progressivité des processus de maturation psychocognitive jusqu'à la fin de l'adolescence, d'autre part. Dès le lendemain de la Seconde Guerre mondiale, les échanges entre psychologie et pédagogie se systématisent et s'institutionnalisent. Des psychologues comme Henri Wallon (1879-1962) et Maurice Debesse (1902-1998) s'investissent dans la pédagogie, et les mouvements pédagogiques puisent dans la psychologie pour alimenter leurs réflexions. Cette dynamique est en partie à l'origine du développement des sciences de l'éducation à l'Université, dont Maurice Debesse a été l'un des initiateurs.

Ainsi légitimés par le soutien universitaire des psychologues, auquel va s'ajouter celui des linguistes qui proposent de réformer les méthodes d'apprentissage du français, les mouvements pédagogiques ont profité des événements de Mai 68 pour exercer une influence sur les politiques éducatives. L'heure est alors aux réformes et, en 1969, le ministre de l'Éducation nationale, Edgar Faure, publie des instructions directement inspirées des théories dites de l'école nouvelle : les nouveaux programmes du primaire prévoient qu'un tiers du temps scolaire doit être consacré à des activités d' « éveil », et dans l'ensemble du système scolaire il est conseillé d'instituer un système de notation en cinq lettres (de A à E) afin de réduire les effets de la compétition scolaire et d'inciter à une évaluation moins pénalisante du travail des élèves. Dans le même train de réformes, délégués d'élèves et de parents font leur apparition dans les établissements du secondaire.

Dès 1975, cependant, de nouvelles instructions reviennent sur ces évolutions, et en 1985 le ministre socialiste de l'Éducation nationale Jean-Pierre Chevènement supprime les dernières références aux instructions de 1969.

Cela ne signifie pas que toute pratique inspirée des mouvements pédagogiques réformateurs ait disparu de l'école française. C'est plutôt la disparité des méthodes qui, depuis les années 1960, est devenue de rigueur. Il n'est pas rare de voir se juxtaposer d'un établissement à l'autre, voire au sein d'un même établissement, des cours magistraux ininterrompus et du travail en petits groupes, une notation par lettres et une notation à la décimale près, l'apprentissage par cœur de passages d'un manuel et la recherche autonome de documentation. Mais les mouvements pédagogiques n'ont pas réussi à diffuser massivement les innovations qu'ils proposent depuis maintenant deux siècles. Tout se passe comme si leurs initiatives étaient systématiquement passées au filtre des structures scolaires traditionnelles et digérées par l'institution sans vraiment la transformer. Aux résistances « républicaines » déjà évoquées se sont ajoutées la force d'inertie des structures de la fonction publique et les concurrences entre les différents mouvements pédagogiques. Jusque-là essentiellement extérieures au système scolaire, les controverses pédagogiques se jouent désormais à l'intérieur.

En comparaison de ce demi-échec des pédagogues novateurs, la rapidité de diffusion dans la société et dans les familles des principes éducatifs issus de la vulgarisation des connaissances psychologiques a été remarquable. À la psychologie classique est venue s'ajouter l'argumentation psychanalytique qui s'est répandue dans les milieux cultivés. L'historien Antoine Prost souligne que dès les années 1950 les magazines féminins vulgarisent de nouvelles conceptions de l'éducation qui légitiment la supériorité de l'affection sur l'autorité, de l'épanouissement sur le dressage, de la négociation sur la contrainte. Florence Pernoud ou Françoise Dolto deviennent, chacune à leur niveau, des auteurs à succès, et en quelques décennies la punition corporelle est unanimement réprouvée.

Accompagnées par la croissance économique et le développement de la société de consommation, ces nouvelles pratiques éducatives ont transformé en profondeur le statut de l'enfance et de la jeunesse. Le petit enfant est devenu l'objet d'une affection attentive et a pris une place centrale dans la famille. L'adolescent est devenu une figure sociale complexe : il est considéré à la fois comme fragile et dangereux, il est simultanément protégé et encouragé à l'autonomie, sa « crise » est à la fois redoutée et attendue. Simultanément, une sociabilité de la jeunesse s'est construite autour de la consommation de loisirs et les tabous sexuels ont significativement diminué.

La permissivité et le libéralisme qui caractérisent aujourd'hui les pratiques éducatives dominantes dans les familles sont donc fortement décalés avec la permanence des structures scolaires traditionnelles, où subsistent les dernières traces de l'héritage antique. Les innovations préconisées par les différents mouvements pédagogiques ne se sont durablement imposées qu'à deux niveaux du système éducatif : à l'école maternelle d'abord, où, au moins pour les deux premières années, la pédagogie est fondée sur les activités ludiques, la créativité des enfants et le dialogue ; dans les lycées professionnels ensuite, où le contrôle continu, la pédagogie par objectif, le travail en groupe sont des pratiques pédagogiques désormais courantes. Mais, dans les autres filières du système scolaire, la diversité des méthodes mises en œuvre laisse supposer que les controverses pédagogiques ont encore un bel avenir.

Chapitre IV

L'ÉCOLE ENTRE AUTONOMIE ET CENTRALISATION

Si les puissances politiques ou religieuses ont dès l'origine suscité ou contrôlé le développement de la scolarisation, ce n'est qu'avec Napoléon Ier qu'est apparue en France une administration scolaire centralisée. Elle est devenue sous la Ve République l'administration la plus importante et a imposé des modes de gestion bureaucratiques et standardisés. Toutefois, depuis l'Antiquité jusqu'au XIXe siècle, les relations des établissements scolaires avec leur environnement local avaient toujours joué un rôle déterminant dans leur fonctionnement. Elles ont ensuite conservé une place significative dans l'enseignement primaire, et elles ont retrouvé depuis deux décennies un rôle central dans l'évolution de l'ensemble du système scolaire.

I. – Des origines jusqu'au XIXe siècle, l'école instance locale

Les modes d'organisation scolaire mis en œuvre par la civilisation gréco-latine sont demeurés valides jusqu'au début du XIXe siècle. L'autorité politique ou religieuse y jouait un rôle d'incitation et de réglementation, mais la création, le financement et le contrôle quotidien relevaient d'initiatives locales. Celles-ci pouvaient prendre deux formes, qui n'étaient pas exclusives l'une de l'autre : l'intervention d'un mécène ou d'unc collectivité, qu'il s'agisse d'une personne privée, d'une association de notables, d'une commune ou d'une institution religieuse, et le financement par les familles des élèves, qui négociaient le prix de la scolarité avec les maîtres.

C'est par exemple le cas des universités médiévales. À la fin du XIIIe siècle, l'Université de Paris est placée sous le double contrôle de la monarchie et de l'Église. Mais, en échange de ce contrôle, elle obtient un statut de corporation, c'est-à-dire l'autonomie administrative, des exemptions fiscales, des privilèges judiciaires et le monopole de la délivrance des diplômes. Chacun des collèges qui composent l'Université vit des revenus d'une donation privée, souvent fondatrice de l'établissement, auxquels s'ajoutent les frais de scolarité payés par les étudiants. Les professeurs peuvent parfois jouir des bénéfices d'une charge ecclésiastique, mais la plupart du temps ce sont uniquement les subsides des donateurs et des étudiants qui les nourrissent. L'État et l'Église exerçaient donc une tutelle réelle, mais, tant en ce qui concerne les règles de vie que les contenus enseignés ou les pratiques pédagogiques, le fonctionnement de l'institution était largement déterminé par les relations d'interdépendance juridiques et financières qui structuraient la communauté des professeurs et des étudiants. Les corporations universitaires entraient d'ailleurs souvent en conflit avec leurs autorités de tutelle.

Une autre illustration des modes d'organisation scolaire de l'Ancien Régime est offerte par la croissance des « petites écoles » au XVIe siècle. Ces écoles élémentaires peuvent émaner de trois types d'initiatives. Soit elles sont directement créées par un représentant de l'autorité ecclésiastique, curé de la paroisse, chantre de la cathédrale, vicaire de l'évêque, abbé du monastère ou encore représentant d'une congrégation enseignante. Dans ce cas, comme dans celui des écoles protestantes ou juives, le maître, le plus souvent un clerc, est recruté par l'autorité religieuse locale et en partie rémunéré par elle, le complément de salaire étant apporté par les familles qui en ont les moyens. Soit elles sont créées à l'initiative des représentants de la communauté villageoise ou urbaine. Dans ce second cas, les maîtres, laïcs, sont recrutés sur la base d'un contrat annuel passé avec les autorités municipales, parfois à la suite d'un concours public. Leurs émoluments proviennent des droits d'écolage payés par les familles, en nature ou en argent. Soit, enfin, les écoles sont financées par un donateur privé qui édicte les règles de fonctionnement et les critères de recrutement du maître, les familles étant parfois sollicitées selon leurs moyens pour participer à sa rémunération.

Dans tous ces cas, les maîtres sont sous le contrôle étroit d'autorités locales, religieuses et civiles, auxquelles ils rendent des comptes, tant sur leur moralité que sur leurs résultats. Ils sont d'ailleurs souvent révoqués. Certains, à l'image des universitaires, ont toutefois bénéficié du soutien de l'autorité royale ou ecclésiastique pour défendre leurs intérêts. En 1625 par exemple, en s'appuyant sur un édit royal définissant les conditions requises pour enseigner, des maîtres d'école rouennais ont obtenu la condamnation d'une veuve qui avait ouvert une « Escolle d'escripture et d'arithmétique » pour les enfants sans apporter la preuve de ses compétences.

II. – L'Empire, l'administration scolaire et le corps enseignant

« L'enseignement public, dans tout l'Empire, est confié uniquement à l'Université » : l'article 1er du décret du 17 mars 1808 instaure un monopole de fait de l'État sur l'instruction, ce qui constitue depuis une de nos particularités nationales les plus remarquables. Même si c'est alors uniquement les enseignements secondaire et supérieur qui préoccupent Napoléon Bonaparte, ce monopole a entraîné l'organisation d'une administration qui a concerné à terme l'ensemble du système éducatif. Il en a résulté deux caractéristiques déterminantes.

La première est celle d'une architecture administrative autonome et pyramidale que les régimes politiques suivants conserveront et amplifieront. Le grand maître de l'Université (qui deviendra le ministre de l'Instruction publique à partir de 1824) dirige depuis Paris une administration centralisée. Ses représentants en province, les recteurs d'académie, seuls habilités à contrôler l'activité des chefs d'établissement, occupent un rang comparable à celui des préfets dans la hiérarchie de l'État. Ce statut illustre l'importance de l'éducation au sein des services publics, à l'égal de l'armée ou de la magistrature. Au fur et à mesure de l'extension de la scolarisation, les différents organes administratifs sont venus mécaniquement se greffer sur chaque échelon de cette organisation pyramidale : corps d'inspection, directions du ministère, service rectoraux.

La seconde caractéristique héritée de l'Empire est la possibilité offerte aux enseignants du secondaire et aux universitaires, devenus un corps d'État, de faire carrière au sein de la fonction publique et de bénéficier de pensions de retraite, au même titre que les militaires et les magistrats. Depuis le baccalauréat et un emploi de répétiteur dans un collège de province jusqu'à un poste de proviseur d'un lycée prestigieux de centre-ville en passant par la réussite à l'agrégation et au doctorat, se construisent ainsi de multiples possibilités de trajectoires professionnelles enseignantes, au service de l'État et fondées sur le mérite scolaire. Ce système structure ce que Bonaparte avait tenu à appeler le « corps enseignant », légitimant ses hiérarchies internes et fidélisant son personnel. À la manière de la médecine ou de la magistrature, des dynasties universitaires se sont rapidement constituées, à l'image de celle de l'historien Lucien Febvre, petit-fils d'un professeur de rhétorique de collège et fils d'un normalien supérieur. L'École normale supérieure de la rue d'Ulm a par ailleurs produit nombre de politiciens, tels Léon Blum, Édouard Herriot ou Émile Painlevé, ce qui a permis au critique littéraire Albert Thibaudet (1874-1936) d'écrire en 1927 un pamphlet intitulé *La République des professeurs.*

L'enseignement secondaire a ainsi constitué dès le début du XIXe siècle le prototype de ce qu'allait ensuite devenir l'ensemble du système scolaire français. Conséquence directe d'une gestion centralisée et bureaucratique, la standardisation des pratiques pédagogiques, de l'architecture scolaire ou du mobilier des classes en constitue les caractéristiques les plus visibles. Le philosophe Hippolyte Taine (1828-1893) se moquait ainsi d'un ministre de l'Instruction publique du Second Empire qui aurait affirmé : « À cette heure, dans telle classe, tous les élèves de l'Empire expliquent telle page de Virgile. »

Or, si ce système est efficace pour gérer le quotidien, il est rétif aux réformes. Il oblige, lorsqu'une évolution paraît nécessaire, à toujours « courir le risque d'une réforme générale, venue d'en haut »[1]. C'est-à-dire souvent à renoncer. D'autant que, comme toutes les professions fortement organisées, le corps enseignant a dès l'origine tendu à résister aux réformes dès lors qu'elles risquaient de remettre en cause la source de son autorité – en l'occurrence, le pouvoir que l'État lui avait confié sur la conception et la transmission des savoirs, et sur la délivrance des diplômes. Les sociologues Christian Baudelot et Roger Establet rappellent à ce sujet que, dès le début du XIXe siècle, chaque projet de réforme a provoqué de la part de beaucoup d'universitaires et d'enseignants du secondaire des prévisions catastrophiques sur la « baisse du niveau ». Des associations comme la « Société des professeurs de français et de langues anciennes » (la « Franco-ancienne ») ou la *Société des agrégés,* créées en 1909, ont souvent défendu les positions les plus conservatrices en matière de politiques éducatives ou de pratiques pédagogiques.

III. – Entre la commune et l'État : l'école primaire et ses instituteurs

Créé postérieurement à l'enseignement secondaire, l'enseignement primaire public a été intégré à l'organisation administrative centralisée préexistante. Mais la participation déterminante des communes à son financement l'a aussi inscrite dans une relation plus étroite avec son environnement local.

1. A. Prost, *Histoire de l'enseignement en France, 1800-1967,* A. Colin, « U », 1983.

La loi Guizot de juin 1833 décide que « toute commune est tenue, soit par elle-même, soit en se réunissant à une ou plusieurs communes voisines, d'entretenir au moins une école primaire élémentaire ». « En cas d'insuffisance des revenus ordinaires pour l'établissement des écoles ... », il est prévu qu'une « imposition spéciale » pourra être votée par la commune ou le conseil général, et éventuellement imposée par une ordonnance royale.

L'obligation d'entretenir une école ainsi instituée par Guizot constitue bien le vrai départ d'un enseignement primaire public national. Mais l'initiative en est laissée aux communes ; beaucoup d'entre elles avaient ouvert depuis longtemps des écoles. La contrainte de l'État n'intervient qu'en cas d'insuffisance des maires ou des conseillers généraux. En outre, le recrutement des instituteurs et des institutrices est assuré par un « comité local » composé du maire, du curé ou du pasteur et de « plusieurs habitants notables ». Dans une circulaire aux instituteurs de juillet 1833, Guizot rappelle qu'il convient de témoigner au maire « en toute occasion la déférence qui lui est due » et que « le curé ou le pasteur ont aussi droit au respect ». À l'inverse des lycées, l'enseignement primaire public s'inscrit à l'origine dans la continuité des petites écoles de l'Ancien Régime et de leur ancrage dans les communautés locales.

Cependant, Guizot établit en même temps les bases d'un système centralisé. En 1835, il crée un corps permanent d'inspecteurs des écoles primaires dont il vante l'efficacité dans ses mémoires, publiées en 1860[1] : « L'inspection périodique des écoles primaires a pris place dans l'administration de l'instruction publique

1. *Mémoires pour servir à l'histoire de mon temps,* Paris, 1860.

comme l'une des plus efficaces garanties de leurs mérites et de leurs progrès. » Il organise également une procédure d'agrément des manuels scolaires conduite par unc commission installée au ministère, à Paris. C'est l'une des raisons de la concentration des éditeurs de manuels dans le Quartier latin, où était initialement installé le ministère de l'Instruction publique : la proximité du ministère permettait de recueillir des informations sur les attentes de la commission. Guizot initie enfin l'ouverture d'une École normale d'instituteurs par département. Bien que leur fréquentation ne soit alors pas obligatoire, ces écoles ont contribué à forger une culture de référence commune à l'ensemble de la profession.

Aussi, lorsque, en 1886, la IIIe République fonctionnarise les instituteurs et les institutrices et impose leur passage par les écoles normales, elle renforce un processus d'intégration de l'enseignement primaire à l'organisation administrative du ministère qui avait été déjà entamé. Désormais fonctionnaires, les instituteurs et les institutrices ne dépendent plus que de leurs inspecteurs et échappent à la tutelle directe du maire et des notables locaux. Ils sont devenus « ces jeunes hussards de la République », pour reprendre la formule du poète Charles Péguy. La solennité attribuée à l'organisation annuelle de l'examen du certificat d'études primaires, dans chaque préfecture, en présence de l'inspecteur d'académie, témoigne de l'importance que la République accorde à la scolarisation primaire et du contrôle qu'elle veut exercer sur elle.

Pourtant, l'école primaire républicaine a longtemps conservé de ses origines un enracinement local qui a continué à la différencier de l'enseignement secondaire. En premier lieu parce que les communes sont restées responsables des locaux scolaires qu'elles construisent, entretiennent ou agrandissent, ainsi que des personnels qui les entretiennent, ce qui suppose des négociations permanentes avec l'Éducation nationale. En second lieu, institutrices et instituteurs sont longtemps demeurés plus proches des cultures locales que leurs collègues du secondaire. Leur recrutement s'opère en effet dans le cadre départemental. Les instituteurs sont donc contraints de poursuivre une grande partie de leur carrière au sein de la même région, les changements de département supposant des autorisations spéciales de la hiérarchie. En outre, jusqu'à la croissance scolaire des années 1950, la formation s'effectuait principalement dans les Écoles normales, c'est-à-dire au niveau départemental. Comme l'ont montré les travaux de Jean-François Chanet[1], institutrices et instituteurs, d'origine souvent modeste, étaient le plus souvent recrutés dans leurs régions de naissance et connaissaient les cultures locales dont ils tenaient compte dans leurs pratiques pédagogiques. Signe connu de cet enracinement régional dans une France demeurée longtemps rurale, leur participation fréquente aux activités municipales, notamment en tant que secrétaires de mairie.

IV. – La Ve République et l'apogée de la centralisation technocratique

Après 1960, la triple mutation démographique, sociale et politique qu'a connue le système scolaire a favorisé le développement des méthodes de gestion bureaucratiques et centralisées.

1. *L'école républicaine et les petites patries,* Aubier, 1996.

La croissance démographique du *baby-boom*, l'augmentation de la demande scolaire des familles et la politique d'extension de la scolarisation voulue par le général de Gaulle ont abouti à des chiffres qui parlent d'eux-mêmes. Alors qu'en 1945 l'ensemble de l'enseignement public scolarisait environ 5,5 millions d'élèves et d'étudiants, dont 4,5 millions dans le primaire, il en scolarise aujourd'hui un peu plus de 13 millions. Le nombre d'enseignants, sans compter l'enseignement privé, est passé, au cours de la même période, de 190 000 à 800 000, le nombre total de personnels de l'Éducation nationale atteignant aujourd'hui près de 1,2 million de fonctionnaires.

Pour gérer cette croissance, les premiers gouvernements de la Ve République ont choisi de renforcer le contrôle centralisé du système.

Au niveau politique, de Gaulle s'est assuré de la docilité des ministres, y compris en nommant à leurs côtés des hauts fonctionnaires qui lui rendaient directement compte. C'est notamment le cas du recteur Jean Capelle, qui occupe de 1960 à 1963 le poste de directeur général de l'organisation des programmes scolaires au ministère et entretient des relations directes avec le cabinet du Général. Il a joué un rôle décisif dans la réforme qui crée en 1963 le Collège d'enseignement secondaire (CES), étape vers le collège unique. À tel point que les historiens parlent aujourd'hui de la réforme Capelle-Fouchet, le ministre de l'époque, Christian Fouchet, passant au second plan dans la mémoire collective. Si des liens aussi étroits avec l'Élysée n'ont pas été conservés par les présidents suivants, il est resté de cette époque l'habitude que la plupart des décisions soient prises ou contrôlées presque exclusivement au niveau des ministres et de leurs cabinets.

Cette centralisation s'est logiquement accompagnée d'une standardisation des modes de gestion. L'architecture scolaire en est un exemple visible de tous. De la même manière que les nombreuses écoles construites à partir de la seconde moitié du XIXe siècle sont reconnaissables sur tout le territoire dès le premier regard, les 1 700 collèges que la Ve République a construits entre 1963 et 1969 ont obéi à des standards architecturaux identiques dans toutes les régions de France.

Autre exemple de ce souci de centralisation et de standardisation, le système de la « carte scolaire » institué dès 1959. Son premier objectif était de réduire les inégalités géographiques d'équipements scolaires en établissant une programmation rationnelle des besoins, notamment en faveur des zones rurales. Il a ensuite servi à la définition de secteurs scolaires au sein desquels les familles sont obligées d'inscrire leurs enfants dans les établissements publics qui leur sont désignés, y compris pour l'enseignement supérieur, sauf à choisir le privé.

Les modes de gestion des enseignants sont également standardisés selon les principes de la fonction publique : ancienneté, situation familiale et nombre d'enfants en constituent les principaux critères, auxquels s'ajoutent les notes attribuées par les inspecteurs et les chefs d'établissement. Chaque enseignant capitalise ainsi des points qui servent de base aux négociations annuelles entre les représentants de l'administration et ceux des syndicats représentatifs, d'une part pour les nominations des débutants, d'autre part pour satisfaire les demandes de mutation.

On peut aussi citer l'exemple de l'organisation des examens et concours. Le témoignage d'un ancien directeur du ministère sur l'organisation des baccalauréats suffit à illustrer la complexité qu'engendre la centralisation : « Pour chaque matière, dans chaque série, des sujets sont préparés (avec sujets de secours et sujets de remplacement), dactylographiés, soumis à des professeurs cobayes, puis imprimés, mis sous enveloppes, transportés la veille du jour J dans les centres d'examen (...). Les professeurs sont répertoriés, répartis dans les jurys, convoqués pour surveiller, corriger, interroger (...). Aussitôt les épreuves terminées, les correcteurs sont réunis, les directives d'harmonisation des notations mises au point, les paquets confiés, corrigés, rendus... Les résultats totalisés, puis diffusés, suivent les interrogations orales : nouvelle mécanique. Enfin (...), le paiement des indemnités aux enseignants, particulièrement complexe. »[1] Les mêmes processus doivent être mis en place pour tous les autres examens et concours : brevet des collèges, diplômes technologiques (CAP, BEP, BTS...), concours de recrutement des enseignants.

La rareté des incidents illustre l'efficacité du système, non seulement pour les examens mais aussi pour la nomination et les mutations des enseignants ou l'affectation annuelle des 14 millions d'élèves et d'étudiants, de la maternelle à l'Université. Mais cela signifie que le travail des fonctionnaires du ministère et des rectorats est presque uniquement consacré à ces lourdes tâches de gestion.

V. – **Décentralisation et déconcentration ou implosion ?**

Ainsi monopolisée par la gestion des personnels et des flux d'élèves, les administrations centrales et

1. Bernard Toulemonde, *Petite histoire d'un grand ministère, l'Éducation nationale,* Albin Michel, 1988.

rectorales ont eu beaucoup de mal à s'adapter aux demandes de la société, pourtant en pleine mutation. C'est pourquoi nombre d'évolutions significatives du système scolaire contemporain ont eu lieu sous l'influence de demandes sociales locales que l'administration centrale a dû prendre en compte mais qu'elle n'a ni décidé ni vraiment contrôlé.

L'exemple le plus significatif est celui de la croissance de l'école maternelle. Créées par la IIIe République à partir d'institutions caritatives du XIXe siècle, les écoles maternelles n'accueillaient au début des années 1950 qu'une minorité d'enfants, le plus souvent issus des milieux populaires urbains. Dès 1960, 91 % des enfants de 5 ans sont déjà scolarisés en maternelle, mais encore seulement un tiers des enfants de 3 ans, et les deux tiers à 4 ans. Vingt ans plus tard, c'est la quasi-totalité des petits Français qui sont scolarisés dès 3 ans. Historiens et sociologues identifient trois origines à ce processus : l'exode rural rapide des années 1950 et 1960 qui a provoqué un afflux brutal de nouvelles familles dans les villes et donc un problème de garde des enfants, un intérêt nouveau des classes moyennes pour la scolarisation pré-élémentaire de leurs enfants et l'essor du travail féminin. Les maires ont alors fait pression sur l'administration, soutenus par les syndicats d'instituteurs qui y ont vu le moyen d'augmenter le nombre de postes.

Ce qui est devenu une caractéristique majeure du système éducatif français n'a donc fait l'objet d'aucune décision politique, alors qu'elle concerne les enfants qui n'entrent pas dans le cadre de l'obligation scolaire, toujours fixée à 6 ans, et qu'aucun autre pays d'Europe, à l'exception de la Belgique, n'offre une scolarisation pré-élémentaire gratuite.

Cette tendance à ce que l'historien Antoine Prost a

appelé la « non-décision gouvernementale » est une des raisons qui a incité à la mise en œuvre d'un double processus de décentralisation et de déconcentration. Les gouvernements qui se sont succédé depuis 1981 ont fait le choix d'initier un processus inverse à celui des débuts de la Ve République en transférant une partie des pouvoirs de décision aux instances locales. Dans la suite de la loi de décentralisation de 1982, conseils généraux et conseils régionaux se sont vu attribuer de nouvelles responsabilités en matière de financement des lycées et collèges ainsi qu'en ce qui concerne la gestion de la formation professionnelle. Parallèlement, l'État a pratiqué la « déconcentration », c'est-à-dire la délégation de responsabilités aux niveaux intermédiaires et locaux de la hiérarchie administrative. La loi de programmation de Lionel Jospin en 1989 a notamment accéléré un processus d'autonomie des établissements. Lycées et collèges disposent désormais d'une plus grande marge de manœuvre pour gérer leur budget et moduler certains horaires d'enseignement dans le cadre d'un « projet d'établissement ».

Le bilan de cette nouvelle politique demeure pour l'instant incertain. Deux obstacles principaux se sont manifestés.

Le premier est celui de la persistance des pratiques bureaucratiques. D'une part parce que les personnels administratifs sont habitués à envisager leur travail dans un cadre réglementaire très contraignant et en fonction des directives venues du ministère. D'autre part parce que cette tendance est paradoxalement renforcée par le processus de déconcentration : les hiérarchies intermédiaires interprètent leurs nouvelles responsabilités dans le sens d'une augmentation de leur pouvoir sur les personnels dont elles doivent coordonner le travail. Se sont par exemple multipliées les

« évaluations » (de projets d'établissement, de résultats des établissements ou des académies aux examens, de dispositifs de lutte contre l'échec scolaire...) dont l'objectif était initialement de permettre aux personnels travaillant en autonomie de disposer d'informations objectives pour réajuster leurs pratiques. Mais plusieurs sociologues soulignent que ces évaluations servent plutôt à augmenter les moyens de contrôle hiérarchiques ou à assurer la promotion de certains responsables administratifs.

Le second obstacle découle du premier. Confrontés à une administration qui tient un discours valorisant l'autonomie et l'initiative mais qui semble dans les faits chercher à augmenter son pouvoir, les enseignants tendent à résister aux nouveaux modes de travail qui leur sont proposés. Ils se méfient par exemple des évaluations, parce qu'ils « les perçoivent comme un accroissement du contrôle rapproché de leur activité par les administrations locales et les chefs d'établissement, ainsi que par les parents, quand les résultats sont rendus publics »[1]. Appuyés sur une longue tradition corporative et sur les statuts de la fonction publique, ils tendent à défendre une pratique très individualiste de leur métier, contre l'avis unanime des experts de toutes origines, y compris syndicales, qui affirment la nécessité d'un travail d'équipe pour faire face aux mutations que l'école doit assumer.

Le bilan de la politique de décentralisation et de déconcentration est donc plutôt confus. L'évolution du système de la carte scolaire en est un bon exemple. Destinée, selon une circulaire de 1965, à assurer « une répartition des adolescents conforme à un équilibre

1. Agnès Van Zanten, *Les politiques d'éducation,* PUF, « Que sais-je ? », n° 2396, 2004, p. 111.

souhaitable entre différents types d'enseignement du second cycle, en se fondant sur les travaux préparatoires accomplis par la commission du Ve Plan », elle apparaît comme le symbole d'une conception autoritaire et centralisée des politiques éducatives. C'est pourquoi, depuis 1984, notamment à la suite d'un vaste mouvement d'opinion en faveur de l'école privée, la sectorisation imposée par la carte scolaire a été progressivement assouplie avec la multiplication de « zones d'expérimentation ». Mais plusieurs enquêtes menées par des sociologues ont montré que la liberté de choix ainsi offerte est surtout exploitée par les familles culturellement favorisées : en 1998, 18,6 % des enfants de professeurs étaient inscrits dans des collèges hors de leur secteur, contre seulement 8 % des enfants d'ouvriers. Discrimination accentuée par la pratique clandestine des adresses de complaisances, évidemment plus accessible aux familles favorisées. Soucieux de répondre à une demande sociale mais craignant d'accroître les inégalités, les gouvernements successifs hésitent donc depuis vingt ans entre le maintien d'un système centralisé ou la liberté laissée aux acteurs locaux de s'organiser.

Selon Agnès Van Zanten, les problèmes de la décentralisation révèlent trois faiblesses majeures de l'État contemporain en matière d'éducation : la difficulté à établir des priorités en raison de la diversité des demandes sociales, l'impuissance à imposer des décisions à l'administration et l'incapacité à établir un dialogue constructif avec les enseignants. Autrement dit, si le processus de décentralisation et de déconcentration apparaît comme inéluctable dans un système soumis aux excès de la standardisation bureaucratique, il risque aussi d'aggraver l'impuissance de l'État à maintenir un mode de régulation efficace à l'échelon national.

Chapitre V

FORMER AU TRAVAIL : DES CORPORATIONS À L'ENSEIGNEMENT TECHNIQUE

« Notre France est si profondément pénétrée de l'esprit latin qu'il existe un préjugé contre l'enseignement pratique. Ce préjugé ne pousse pas à mieux faire des études classiques, mais il empêche de bien faire des études usuelles. » Ainsi s'exprimait en 1863 le ministre de l'Instruction publique Victor Duruy à l'occasion de la promulgation d'une loi sur l'enseignement professionnel. En historien, le ministre soulignait les relations difficiles que les formations techniques ou professionnelles ont toujours entretenues avec l'école, qu'elles en aient été écartées, ou qu'elles y aient occupé une place mineure. Comme le suggère sa référence à l' « esprit latin », cette incompatibilité entre éducation scolaire et formation professionnelle trouve ses origines dans l'héritage scolaire de l'Antiquité.

I. – L'héritage antique : « l'homme contre le technicien »[1]

Dans l'idéal éducatif de la Grèce classique, les savoirs techniques ou de sciences appliquées sont décon-

1. La formule est empruntée à Henri-Irénée Marrou, *op. cit.*, chap. 1, n. 1.

sidérés par rapport aux savoirs littéraires ou philosophiques, essentiellement pour trois raisons. La première tient à la conception platonicienne de la vérité, qui se défie du « monde sensible », supposé illusoire, et proclame la supériorité du « monde intelligible », uniquement accessible à ceux qui mènent jusqu'à leur terme les études générales. De cette affirmation de la supériorité du spirituel sur le matériel découle un second principe, qui confirme l'infériorité des formations professionnelles : la culture générale, parce qu'elle tend vers une vérité supposée universelle, libère l'homme, alors que les savoirs appliqués l'enferment dans les limites d'une technique. Ce que le Moyen Âge a traduit par la supériorité des arts libéraux sur les arts mécaniques.

Mais il existe aussi une troisième raison, plus triviale, qui explique l'infériorité des savoirs techniques dans la Grèce classique : celle de leur place dans la hiérarchie sociale. L'idéal éducatif du monde grec, puis latin, est celui de l'éducation des élites politiques, qui doivent maîtriser l'art du discours, alors que les savoirs techniques ou appliqués correspondent aux activités que la société réserve aux esclaves ou aux couches sociales inférieures. Seules les formations professionnelles liées à des activités socialement prestigieuses ont accès à l'école. C'est pourquoi l'Empire romain fait du droit un enseignement supérieur. Plus préoccupé d'organisation administrative et juridique que la cité hellénistique, il a besoin de juristes et de fonctionnaires. Devenus indispensables à l'organisation politique et sociale de l'Empire, les juristes sont, à leur tour, formés à l'école.

De l'Antiquité, le Moyen Âge chrétien hérite donc une hiérarchie intellectuelle et sociale qui écarte de la reconnaissance scolaire la plupart des savoirs techniques ou appliqués, à l'exception de ceux qui servent directement l'exercice du pouvoir politique ou religieux. Droit, médecine et théologie formeront ainsi le triptyque dominant des universités médiévales.

II. – La transmission des métiers jusqu'à la Révolution : familles et corporations

L'espace scolaire demeurant hermétique à la transmission de la quasi-totalité des savoirs appliqués ou techniques, celle-ci s'opère nécessairement ailleurs.

Pour l'immense majorité des hommes depuis l'Antiquité jusqu'à l'aube du XIXe siècle, à l'exemple des 85 % de ruraux qui peuplent la France à la veille de la Révolution, les travaux liés à une agriculture de subsistance ont constitué leur seul horizon professionnel. Les techniques presque immuables ne se transmettent que dans le cadre familial. De la construction des maisons de torchis au bricolage des outils de bois en passant par la fabrication du pain, tout s'apprend par l'imitation des adultes de la parenté dans un univers rural quasi hermétique à l'innovation. Seules quelques fabrications techniquement plus exigeantes, tels le travail du métal pour les outils du labour, peuvent donner lieu à un artisanat spécialisé, et donc à un apprentissage en atelier.

Dans l'espace urbain, en revanche, les métiers sont plus nombreux et inscrits dans une logique de division du travail. Le peu que l'on sait des métiers dans la cité romaine indique qu'ils se sont très tôt organisés en associations qui obtenaient des avantages fiscaux et juridiques. Arpenteurs, infirmiers, charpentiers, fabricants de boîtes à livre, architectes, armuriers, brodeurs étaient ainsi à même d'organiser au sein de leurs associations l'enseignement de leurs techniques.

Après l'éclipse de l'ère mérovingienne, la renaissance urbaine du XIe siècle est aussi celle des « corps et communautés d'arts et mestiers », que l'usage moderne a pris l'habitude de désigner par le terme de « corporations ». Jusqu'à la Révolution, ces corporations urbaines ont constitué le seul cadre légal de la formation professionnelle.

Or la finalité des corporations est de protéger l'exercice de chaque métier par un système de privilèges fiscaux et juridiques accordés par les pouvoirs politiques. Parmi ces privilèges, celui du contrôle de la formation constitue un enjeu vital : il est le moyen de restreindre le nombre de professionnels en activité pour préserver le monopole de chaque métier et se protéger de la libre concurrence, à la manière des pharmaciens aujourd'hui. Ainsi, le statut écrit des métiers parisiens au XIIIe siècle n'autorise pour chaque employeur qu'un seul apprenti « étranger », c'est-à-dire extérieur à la famille du maître. Cette fonction de filtre d'accès à la communauté de métier que joue l'apprentissage en explique les principales caractéristiques.

La première est l'extrême sélectivité de l'accès à la formation. La promesse d'accéder à un corps, c'est-à-dire à un statut reconnu dans la ville, attire de nombreux candidats. Chaque corps de métiers dispose en effet de privilèges (exemptions fiscales, exercice d'une justice interne, participation à la gestion de la ville, système de protection sociale) qui distinguent ses membres de la masse du peuple. Signe de cette distinction, les représentants des métiers sont autorisés à défiler au sein des nombreuses processions qui ponctuent la vie urbaine. C'est pourquoi l'accès à l'apprentissage représente un espoir de promotion sociale qui se paie. À Paris, au XVIIIe siècle, environ la moitié des contrats écrits d'apprentissage stipulaient que les parents de l'apprenti devaient payer le maître.

Deuxième caractéristique qui découle de cette fonction malthusienne de l'apprentissage, la tradition du « secret » des métiers. Au XVIIIe siècle, tous les contrats parisiens le stipulent, le maître « promet montrer et enseigner sa profession et tout ce dont il se mesle et entièrement en icelle sans luy rien cacher ». Si cette promesse de transparence doit être répétée dans chaque contrat, c'est justement qu'elle n'est jamais acquise. Dans la logique protectionniste de la corporation, l'apprenti est à double titre un concurrent potentiel : pour les compagnons, qui craignent qu'un ouvrier de plus fasse baisser les salaires, mais aussi pour le maître, qui craint une future concurrence pour son héritier. De là une transmission parcimonieuse des savoirs professionnels, et des durées de formation suffisamment longues pour garantir la soumission de l'apprenti aux rituels du métier : jusqu'à dix ans d'apprentissage pour les orfèvres à Paris au XIIIe siècle, et une moyenne de quatre à cinq ans pour tous les métiers au XVIIIe. De là, aussi, une transmission essentiellement orale des savoirs professionnels.

Dernière caractéristique enfin, la dureté, et parfois la cruauté, des conditions d'apprentissage. Les apprentis ne devraient « point souffrir qu'on leur fasse rien faire qui ne soit point de leur mestier, qui est comme ne point laver la vaisselle, promener ny amuser les enfants, ny autres choses que les maîtres et maîtresses leur font faire », écrit en 1700 un entrepreneur moraliste. C'est pourtant ce que les apprentis, qui débutent en moyenne vers l'âge de 12 ans, font à l'évidence quotidiennement, de même que d'aller acheter le vin des compagnons ou d'« être payé de mille coups », ou encore d'« être à tous moments grondés mal a propos »[1]. Ils s'enfuient d'ailleurs souvent.

Ainsi, jusqu'à la veille de la révolution industrielle, la formation professionnelle, maintenue à l'écart de l'école, est aussi très étroitement limitée par son instrumentalisation au service du malthusianisme professionnel des corporations.

III. – La formation professionnelle au risque du libéralisme

Dès le XVIIIe siècle, le système des corporations est donc dénoncé par les partisans du libre-échange comme un frein à l'expansion économique. « L'ouvrier en soye en Hollande ou en Angleterre n'est pas obligé à d'autres apprentissages qu'à celuy dont il sent luy-même avoir besoin pour pouvoir fabriquer. Il n'y a nulle obligation, nulle fixation pour cela, dès qu'il peut fabriquer il est maître sans rien payer », écrit l'économiste français Jean-Claude Gournay dans la première moitié du XVIIIe siècle. Dès lors, l'apprentissage corporatif va être concurrencé à deux niveaux.

Pour les formations liées au rayonnement culturel et commercial de la France ou à des enjeux militaires, l'État intervient directement et fonde des écoles. Depuis l'Académie de peinture et de sculpture en 1648 jusqu'à l'École des mines en 1783 en passant par les écoles d'artillerie ou d'hydrographie, une vingtaine d'établissements prennent en charge la formation des artistes ou des techniciens que les universités ignorent

1. Ces citations sont extraites de Steven L. Kaplan, L'apprentissage au XVIIIe siècle : le cas de Paris, *Revue d'histoire moderne et contemporaine,* n° 40-3, juillet-septembre 1993.

et que les corporations ne fournissent qu'en trop petit nombre.

En ce qui concerne l'apprentissage des métiers plus communs, un double mouvement est à l'œuvre. D'une part, des pratiques de détournement des contraintes corporatives se développent, les employeurs cherchant notamment à raccourcir la durée des apprentissages. D'autre part, un embryon de scolarisation apparaît avec l'ouverture d'une cinquantaine d'écoles de dessin, entre 1726 et 1786, dans toutes les grandes villes du royaume. Ainsi, lorsque, après une première tentative de Turgot en 1776, le gouvernement révolutionnaire abolit définitivement les corporations (mars 1791, loi Le Chapelier), le nouveau cadre libéral de la formation professionnelle est en place : la libre concurrence en est le principe régulateur, mais l'État a pris l'habitude d'intervenir lorsqu'il juge l'intérêt national en jeu.

Cependant, au moment même où cette nouvelle logique s'impose, les progrès rapides de l'industrialisation placent la formation professionnelle au centre d'enjeux complexes que les contemporains ont du mal à appréhender globalement. Il va ainsi être sans cesse question, au XIXe siècle, de la « crise de l'apprentissage », terminologie qui recouvrait en fait trois mutations simultanées.

Dans les secteurs où le capitalisme industriel provoque une division et une déqualification du travail ouvrier, c'est-à-dire essentiellement l'industrie textile, l'apprentissage est réduit au minimum et laisse place à l'exploitation de l'enfance ouvrière. Vers 1840, on estime que de 15 à 20 % de la main-d'œuvre de l'industrie textile est juvénile. Dès 1841, la cruauté des conditions de travail de cette jeunesse est publiquement dénoncée.

La seconde mutation concerne l'apprentissage traditionnel, qui n'est plus protégé par le statut corporatif, et qui décline rapidement dans les métiers artisanaux. De plus en plus concurrencés par les productions mécanisées, les artisans embauchent de moins en moins d'apprentis et raccourcissent les temps de formation.

Enfin, dans les nouveaux métiers liés au travail du métal et au développement de la motorisation, c'est à l'inverse la question du déficit de main-d'œuvre qualifiée qui domine les débats. Le recours à une main-d'œuvre anglaise pour installer les premières lignes de chemin de fer a blessé l'orgueil national et frappé les esprits. Le souci de former une plus grande quantité de main-d'œuvre qualifiée préoccupe donc les industriels de la métallurgie et de la mécanique.

À cette diversité de problèmes répond une multitude d'initiatives. Jusque dans les années 1880, l'intervention de l'État se limite à ce qu'autorisent les principes libéraux en vigueur : réglementation du travail des enfants, création de quelques nouveaux établissements (l'École polytechnique en 1794, les Arts et métiers en 1803, l'École centrale des arts et manufactures en 1829...). En 1865, le ministre de l'Instruction publique Victor Duruy crée même une filière technique dans l'enseignement secondaire, mais d'un niveau suffisamment élevé en sciences appliquées pour qu'elle soit transformée dès 1902 en filière scientifique.

Les initiatives privées, philanthropiques, patronales ou municipales sont plus nombreuses. Des institutions caritatives, souvent confessionnelles, tentent de protéger et d'encadrer la jeunesse ouvrière en prenant en charge l'apprentissage. La plus célèbre de ces institutions, l'école Saint-Nicolas, ouverte en 1827, existe toujours rue de Vaugirard, à Paris. Dans le même esprit, de multiples cours du soir sont ouverts par des associations ou des municipalités, autant pour les jeunes que pour les adultes. Des ingénieurs polytechniciens philanthropes créent par exemple en 1831 la Société polytechnique qui est responsable de 200 cours à Paris en 1867. De leur côté, certains entrepreneurs, dont les plus connus sont l'orfèvre Christofle, l'imprimeur Chaix et les métallurgistes Schneider et De Wendel, ouvrent des écoles d'usine. Enfin, de nombreuses municipalités (Lyon, Nantes, Besançon, Paris, Le Havre, Mulhouse...), en association avec des sociétés industrielles ou des donateurs privés, ouvrent des écoles professionnelles, telles les écoles Boulle et Estienne à Paris, La Martinière à Lyon ou Livet à Nantes.

Ces initiatives ont permis dans l'urgence de faire face aux besoins. Deux questions restent néanmoins en suspens. La première est celle du partage des coûts des formations : l'absence de réglementation favorise les entrepreneurs qui ne financent aucune formation et profitent de la rentabilité d'une main-d'œuvre formée par leurs concurrents. Le libéralisme trouve ici ses limites. La seconde est posée par les défenseurs de la classe ouvrière, qui contestent des contenus de formation trop étroitement restreints aux besoins des employeurs : « La question est justement de savoir si une démocratie libérale et généreuse est, oui ou non, en état d'assurer à ses classes laborieuses (un) complément décisif d'instruction intellectuelle et morale », écrit Ferdinand Buisson en 1897.

La « crise de l'apprentissage » demeure d'actualité à la fin du siècle.

IV. – L'État républicain, « ingénieur-conseil de l'initiative privée »[1]

Installés au pouvoir en janvier 1879, les Républicains font de la formation professionnelle un facteur de progrès industriel, et donc un enjeu pour la puissance nationale et la revanche sur l'Allemagne. « (...) sur le champ de bataille industriel comme sur l'autre, les nations peuvent tomber et périr (...). C'est à ce grand danger que doit parer l'enseignement professionnel dans notre pays », proclame Jules Ferry en 1883.

Dès 1881, une loi dite « des écoles manuelles d'apprentissage » établit un cadre commun à toutes les écoles professionnelles. La gestion des établissements et le recrutement des enseignants sont laissés aux organismes fondateurs – communes, départements ou associations –, mais le contrôle des programmes est confié conjointement aux ministères de l'Instruction publique et du Commerce. En 1892, le ministère du Commerce récupère seul le contrôle de la totalité des établissements et crée en 1895 une direction de l'enseignement technique.

Très vite, autour de cette administration, se constitue un réseau qui milite pour le développement des écoles professionnelles, et dont l'émanation publique est l'Association française pour le développement de l'enseignement technique (AFDET), créée en 1902 et encore active aujourd'hui. On y retrouve trois catégories d'acteurs. Dans la sphère patronale, ce sont essentiellement les représentants des secteurs industriels de

1. La formule est utilisée par Edmond Labbé, directeur de l'enseignement technique de 1920 à 1933.

pointe (métallurgie lourde, constructions mécaniques et électriques), fédérés au sein de la puissante Union des industries métallurgiques et minières (UIMM). Ils ont besoin d'une main-d'œuvre très qualifiée dont la formation est coûteuse. S'associent souvent à eux une partie du patronat des grandes entreprises commerciales ou bancaires, ou encore des métiers d'art. Dans la sphère politique, ils obtiennent le soutien des élus des régions où l'économie locale s'appuie sur ce type d'industrie. Dans l'Administration, enfin, un certain nombre de hauts fonctionnaires, souvent membres des mêmes loges maçonniques que les élus républicains, soutiennent le développement d'un enseignement technique qui leur paraît indispensable à l'économie nationale.

Fort de ces appuis, l'enseignement technique public s'est significativement développé : de quelques unités avant la loi de 1881, on arrive en 1939 à plus de 250 établissements, Écoles nationales professionnelles ou Écoles pratiques, qui scolarisent environ 70 000 élèves, dont 15 000 filles. En 1920, la direction de l'enseignement technique est transférée au ministère de l'Instruction publique, mais demeure une institution très autonome. Les associations d'anciens élèves de ces écoles renforcent le réseau initial constitué autour de l'AFDET, en liaison avec les anciens des Arts et métiers, qui sont souvent eux-mêmes d'anciens élèves d'écoles techniques. L'enseignement technique constitue alors une voie de promotion sociale pour des enfants issus des milieux populaires ou des petites classes moyennes. Il concurrence de ce point de vue l'enseignement primaire supérieur.

Mais ces écoles, dont plus de 60 % des anciens élèves occupent rapidement des emplois d'encadrement, ne répondent que très partiellement aux besoins de main-d'œuvre qualifiée. C'est pourquoi les acteurs investis dans le développement de l'enseignement technique militent parallèlement pour une réorganisation de l'apprentissage en entreprise.

En 1911, la création d'un diplôme qui devient en 1919 le CAP (certificat d'aptitude professionnelle) vise à instaurer un système de régulation de l'apprentissage par la certification : le diplôme constitue un moyen de réglementer par l'aval les contenus de formation et de stabiliser la définition des qualifications. En 1919, la loi Astier[1] tente d'harmoniser à l'échelle nationale les pratiques d'apprentissage. Elle rend obligatoires des cours de formation générale et théorique pour tous les apprentis, qui devront passer le CAP après trois ans de formation. Ce dispositif est renforcé en 1925 par la création de la taxe d'apprentissage, qui oblige les entreprises à verser un impôt proportionnel à leur masse salariale, sauf si elles apportent la preuve de leur effort en matière de formation professionnelle.

Mais dans la logique libérale qui demeure dominante, les modalités d'application de ces lois laissent une large place à la bonne volonté des entrepreneurs, dont les représentants sont par exemple majoritaires dans les instances locales chargées d'accorder les exonérations de la taxe. Exception faite de la création de nombreuses écoles d'entreprises dans l'industrie mécanique, leur efficacité à la veille de la Seconde Guerre mondiale, demeure très limitée.

1. Du nom d'un entrepreneur de l'industrie pharmaceutique, Placide Astier, député radical, décédé avant la promulgation de la loi dont il était l'auteur.

V. – Du Front populaire à la Ve République : l'État régulateur

Dès 1936, le gouvernement de Front populaire cherche à mieux réguler l'apprentissage en posant les bases d'une reconnaissance des diplômes professionnels par les entreprises au sein des conventions collectives.

C'est paradoxalement le gouvernement de Vichy qui va entériner cette évolution. Préoccupé de restauration du travail manuel, le gouvernement de Philippe Pétain impose en 1942 la prise en compte du temps de formation dans la définition des qualifications. Le CAP devient dès lors le critère de référence pour définir le statut d'ouvrier professionnel. Il impose également le monopole de l'État sur l'agrément des diplômes professionnels et techniques, offrant ainsi un avantage de fait aux diplômes de l'enseignement technique public. Enfin, Vichy finance le développement de centres de formation professionnelle dont il confie la gestion à la direction de l'enseignement technique. En 1944, plus de 800 de ces établissements fonctionnent, dans des conditions souvent précaires, mais en délivrant une authentique formation professionnelle à environ 50 000 jeunes.

Les gouvernements de la Libération héritent ainsi d'une structure qui ouvre la possibilité d'une régulation par l'État de la formation professionnelle initiale : un réseau d'établissements couvrant à la fois les formations d'ouvriers, d'employés et de techniciens, d'une part ; une législation favorisant l'équivalence entre diplômes et salaires, d'autre part.

Dans le contexte de l'après-guerre, un tel héritage ne pouvait que fructifier. Les industriels de la métallurgie, déjà fortement impliqués dans l'enseignement technique, sont confrontés à un déficit de main-d'œuvre lié au déclin démographique de la première moitié du siècle. Simultanément ils doivent répondre aux besoins de la reconstruction, puis très vite développer les nouvelles industries d'équipement et de consommation (automobile, électroménager, aviation, etc.). Toujours empêtrés dans leur incapacité à partager équitablement les frais de formation, ils reconnaissent facilement la nécessité de l'intervention de l'État. Les nouvelles élites politiques de la Libération, très influencées par le modèle keynésien du New Deal américain, qui prône l'intervention de l'État dans la sphère économique, ne peuvent qu'adhérer à cette logique. Le Parti communiste enfin, alors très influent, soutient le développement de l'enseignement technique, dans lequel il voit « l'enseignement de la classe ouvrière », pour reprendre la formule d'un de ses dirigeants en 1945. Les deux niveaux d'enseignement technique hérités de la période précédente vont donc être rapidement développés.

Les centres de formation professionnelle du gouvernement de Vichy sont dès 1944 transformés en centres d'apprentissage, dont le nom est trompeur : il s'agit bien d'écoles de formation professionnelle à plein temps. Spécifiquement dévolues à la formation des ouvriers et des employés, elles sont dotées d'un statut scolaire définitif en 1949. Rebaptisés collèges d'enseignement technique en 1959, lycées d'enseignement professionnel en 1976 et lycées professionnels en 1985, ces établissements ont vu leurs effectifs passer de 50 000 élèves en 1944 à plus de 200 000 en 1960, et à 700 000 aujourd'hui, soit le tiers des lycéens contemporains.

Parallèlement, les écoles de l'enseignement technique sont transformées en lycées techniques en 1959, avant de devenir les actuelles filières technologiques des lycées. Leur spécialisation au niveau des cadres intermédiaires est symbolisée par la création du premier baccalauréat technologique en 1946. De moins de 100 000 élèves à cette date, l'enseignement technologique concerne aujourd'hui environ 400 000 personnes. La plupart se dirigent vers un brevet de technicien supérieur (BTS), deux ans après le baccalauréat.

Les enseignements professionnels et technologiques sont donc désormais intégrés à l'enseignement secondaire avec des effectifs trois fois supérieurs à ceux des apprentis en entreprises. Ils paraissent ainsi avoir acquis la légitimité scolaire qui avait toujours été refusée à l'apprentissage des métiers. Mais la réalité est plus complexe.

VI. – **Des enseignements dominés**

Les élèves qui choisissent aujourd'hui les enseignements techniques et professionnels le font souvent par défaut, en raison d'un niveau insuffisant pour rester dans l'enseignement général. Ils sont, sauf exception, « les exclus de l'intérieur », comme les a nommés le sociologue Pierre Bourdieu. Il y a à cela deux raisons principales.

La première tient justement à la persistance de la hiérarchie des savoirs héritée de l'Antiquité. Le système scolaire continue de privilégier les savoirs généraux pour filtrer l'accès aux filières les plus prestigieuses de l'enseignement supérieur, y compris technologiques. Les savoirs professionnels de base sont donc réservés à la formation de ceux qui ne réussissent pas suffisamment en enseignement général.

La seconde est une conséquence paradoxale de l'extension de la scolarisation. Le système scolaire de masse contemporain fournit en effet des diplômés pour tous les niveaux de qualification du marché du travail. De ce fait, les titulaires des diplômes professionnels ou techniques ont de moins en moins de probabilité d'accéder à une promotion interne au sein des entreprises : les places sont prises par les diplômés de niveau supérieur. Dans un contexte de scolarisation massive, les enseignements techniques et professionnels ne peuvent plus jouer le rôle méritocratique qu'ils ont joué jusque dans les années 1960.

Mais les enseignements professionnels et techniques sont aussi critiqués par les milieux patronaux qui les avaient initialement soutenus. Dans un contexte de chômage récurrent, les entreprises cherchent à reprendre le contrôle des formations qu'elles avaient laissé à l'État. C'est que, rare au lendemain de la guerre, la main-d'œuvre est désormais abondante. Simultanément, l'État tente de réduire ses dépenses. Il encourage le développement de l'apprentissage et délègue la responsabilité de la formation professionnelle aux régions. Depuis 1993, ces dernières détiennent théoriquement le contrôle de ces formations. Le nombre d'apprentis a de ce fait augmenté : de 200 000 à la fin des années 1980, il est aujourd'hui de plus de 350 000. Les logiques libérales semblent à nouveau dominantes.

Avec ce retour du libéralisme réapparaissent les contradictions que l'intervention de l'État avait justement contribué à résoudre : les entreprises françaises se sont habituées à ne pas assumer les coûts de la formation professionnelle initiale. Le nombre d'apprentis a ainsi cessé d'augmenter ces dernières années, ce qui indique que les entreprises hésitent à franchir un palier en matière de formation.

Plus que vers un retour à des pratiques strictement libérales, il semble donc que l'on se dirige vers des solutions de compromis qui organisent des rapprochements entre les formations scolarisées et les formations en entreprises. Le jeu de mains chaudes auquel se livrent l'État et les organisations patronales depuis plus d'un siècle risque de durer encore longtemps. L'avenir de l'organisation des formations professionnelles demeure très incertain, et leur statut dans la société reste nécessairement dépendant des hiérarchies sociales dominantes.

Chapitre VI

ÉCOLE ET INÉGALITÉS

Avant l'instauration de systèmes politiques démocratiques, les inégalités de naissance et de destins étaient trop profondément inscrites dans les structures des sociétés pour que la question de l'égalité d'accès à l'école soit posée. À partir du XVIe siècle, collèges et petites écoles ont certes scolarisé une proportion plus importante de la jeunesse. Mais c'est avec la Révolution que l'accès du peuple à l'instruction est devenu un enjeu important de la vie politique. Les débats n'ont depuis cessé de prendre de l'ampleur, jusqu'à être posés aujourd'hui en termes d'égalité d'accès à la réussite scolaire, et non plus seulement à la scolarité.

I. – De l'Antiquité à la Renaissance, l'inégalité dans l'ordre des choses

Dans les sociétés qui se sont succédé depuis l'Antiquité, les inégalités sociales sont considérées comme la conséquence d'un ordre naturel ou divin. Il en va par conséquent de même pour l'inégalité d'accès à l'instruction.

À l'apogée de l'Empire romain, la fréquentation de l'école élémentaire est par exemple assez répandue, mais uniquement dans les villes. Le coût du matériel scolaire (tablettes de cire et poinçons, parfois rouleaux de papyrus) et la rémunération du maître sont hors de portée des plus pauvres, mais accessibles aux couches les plus aisées des classes populaires urbaines. Les niveaux secondaire et supérieur sont presque exclusivement fréquentés par les fils (jamais les filles) de l'aristocratie. Ces études très coûteuses conduisent à des responsabilités juridiques et politiques héréditairement réservées aux enfants des classes dirigeantes.

Le statut des enseignants reflète cette hiérarchisation sociale des niveaux d'études. Le maître d'école est peu considéré : c'est un métier d'esclaves, d'affranchis ou de petite classe moyenne, dont la rémunération est comparable à celle d'un ouvrier qualifié. Le professeur du secondaire, le *grammaticus,* n'est qu'un peu mieux placé dans la hiérarchie sociale. Seuls les « rhéteurs » des écoles supérieures accèdent à une reconnaissance symbolique et financière supérieure.

Cette hiérarchisation s'est reconstituée à l'identique lors de la création des universités au XIIIe siècle. Dans ces établissements, que l'on intègre en général autour de 13 ou 14 ans pour y poursuivre des études de niveau secondaire puis supérieur, les étudiants proviennent de familles capables de se dispenser de la force de travail d'un adolescent, de financer son logement et sa nourriture, et suffisamment cultivées pour envisager la possibilité d'une carrière ecclésiastique, juridique ou universitaire. D'autant qu'il faut compter au minimum huit ou neuf ans pour arriver au terme du premier cursus, seize pour obtenir un diplôme de juriste ou de médecin, vingt-cinq pour la théologie. Au Moyen Âge, la clientèle des universités est essentiellement composée des cadets de la noblesse et d'enfants de marchands ou d'artisans.

Les universités médiévales accueillaient cependant une minorité d'étudiants d'origine très modeste qui avaient obtenu le soutien financier nécessaire. « Jeunes nobles et bientôt jeunes bourgeois fournissent certes la plus grande partie des étudiants et des maîtres, mais le système universitaire permet une réelle ascension sociale à un certain nombre de fils de paysans », écrit Jacques Le Goff[1].

À peine esquissé avant la Renaissance, ce processus va devenir plus significatif à partir du XVIe siècle.

II. – Collèges et petites écoles : une première extension de la scolarisation au XVIe siècle

La croissance des collèges et des petites écoles au XVIe et au XVIIe siècle a constitué une étape importante de l'extension de la scolarisation. À la fin du XVIIe siècle, le réseau des collèges est suffisamment dense pour scolariser environ 60 000 élèves.

En comparaison des quelques milliers d'étudiants des périodes précédentes, il s'agit bien d'une forte croissance. Mais elle s'opère globalement au profit des mêmes milieux qu'auparavant, petite noblesse et bourgeoisie urbaines de commerçants, d'artisans, de juristes ou d'enseignants. La nouveauté tient à la proportion plus importante d'enfants de ruraux enrichis, comme l'indiquent les quelques statistiques disponibles : dans les zones rurales, les enfants de « laboureurs » et d'artisans ont pu constituer jusqu'à 30 % des effectifs de certains collèges. Les collèges demeurent socialement sélectifs, mais la « barrière du latin », pour reprendre l'expression de l'historien Pierre Goubert[2], recule. Une minorité restreinte de la petite bourgeoisie rurale a désormais accès aux savoirs de niveau

1. *Les intellectuels au Moyen Âge,* Le Seuil, « Points Histoire », 1985, p. III.
2. *L'Ancien Régime,* A. Colin, « U », t. 1, 1976 ; t. 2, 1979.

supérieur, et donc à la connaissance du latin, langue de l'Église et des savants.

Le second processus d'extension de la scolarisation concerne l'école élémentaire, ce que l'on appelait alors les « petites écoles ». Discontinu dans le temps et irrégulièrement réparti sur le territoire, le développement des écoles élémentaires n'en est pas moins significatif. L'ambition de ces écoles demeure néanmoins modeste et les frais d' « écolage » en écartent les plus pauvres, sauf intervention caritative.

Les mesures approximatives des taux d'alphabétisation dont on dispose pour la fin du XVIIe siècle et le XVIIIe illustrent à la fois la réalité du développement des petites écoles, et les disparités géographiques, sociales et sexuelles du processus. Dans les grandes villes du nord, du nord-ouest et de l'est de la France, 70 % des hommes savent signer de leur nom à la veille de la Révolution, et parfois autant de femmes. Mais dans les villes du sud-ouest et dans les campagnes, ces taux tombent autour de 30 % pour les hommes et 10 % pour les femmes. À la même époque, dans les corporations d'artisans de l'ouest de la France, 40 % seulement des compagnons savent lire, mais 70 % des maîtres, et souvent autant de maîtresses.

À la veille de la Révolution, la scolarisation a donc incontestablement progressé à tous les niveaux, mais les inégalités sont demeurées globalement de même nature qu'aux siècles précédents.

III. – L'égalité devant l'instruction dans les projets révolutionnaires

La période révolutionnaire a été trop instable pour permettre des réalisations durables en matière scolaire. Elle a été, en revanche, riche en projets.

Parmi la profusion de textes produits pendant la Révolution, trois sont particulièrement représentatifs des préoccupations du moment. Il s'agit des rapports sur l'instruction publique de Talleyrand (septembre 1791) et de Condorcet (avril 1792), et du projet de Le Peletier de Saint-Fargeau présenté à l'Assemblée par Robespierre en juillet 1793. En application de la *Déclaration des droits de l'homme et du citoyen,* l'égalité devant l'instruction, garantie par l'État, est solennellement affirmée par chacun de ces textes. « Les hommes sont reconnus égaux ; et pourtant combien cette égalité de droit serait peu sentie (...) au milieu de tant d'inégalités de faits, si l'instruction ne faisait sans cesse effort pour (...) affaiblir du moins les funestes disparités qu'elle ne peut détruire », écrit Talleyrand.

Mais ces textes révèlent aussi les limites de l'application du principe d'égalité dans l'esprit de leurs auteurs, tant en ce qui concerne l'accès aux enseignements secondaire et supérieur qu'en matière d'égalité sexuelle.

Talleyrand consacre par exemple un chapitre à la question de la gratuité, dans lequel il développe une argumentation toujours d'actualité chez certains théoriciens libéraux. Il proclame la nécessité de « la plus entière gratuité » pour l'instruction primaire parce qu'elle est « absolument et rigoureusement commune à tous ». Mais aux niveaux secondaire et supérieur, il estime que « la société n'en doit nullement l'application gratuite à ceux qui librement voudront apprendre », puisque, « comme ceux qui fréquenteront ces écoles en tireront aussi un avantage très réel, il est parfaitement juste qu'ils en supportent une partie des frais ».

Bien qu'hostile aux conceptions libérales de Talleyrand, Le Peletier a par rapport à l'enseignement secondaire une position également restrictive. Il envisage la gratuité des établissements du secondaire, mais en limite drastiquement l'accès : « Pour l'étude des belles-lettres, des sciences et des beaux-arts, il en sera choisi un [enfant] sur cinquante. » Les autres devront être « rendus aux travaux des divers métiers et de l'agriculture » dès la sortie du primaire.

Quant à Condorcet, il reste allusif sur la question de la gratuité : « L'instruction doit être répartie avec toute l'égalité que permettent les limites nécessaires de la dépense (...) Les écoles secondaires sont destinées aux enfants dont les familles peuvent se passer plus longtemps de leur travail, et consacrer à leur éducation un plus grand nombre d'années, et même quelques avances. » Lui non plus n'envisage pas à court terme la généralisation d'un enseignement secondaire gratuit. Il est en revanche le seul à espérer explicitement faire « reculer » les limites de la scolarisation lorsque l'État sera en mesure de « consacrer à des emplois vraiment utiles une plus forte proportion des revenus publics ».

En matière d'égalité sexuelle, Talleyrand est le premier à en proclamer explicitement le principe : « L'instruction doit exister pour l'un et l'autre sexe ; (...) car, puisqu'elle est un bien commun, sur quel principe l'un des deux pourrait-il en être déshérité par la Société protectrice des droits de tous ? » Très attaché à la question de l'égalité sexuelle, Condorcet rédige un mémoire spécifique sur ce sujet qu'il adjoint à son projet et dans lequel il développe une argumentation progressiste, prônant notamment la mixité scolaire. Il ne reconnaît néanmoins pas aux femmes les mêmes compétences intellectuelles qu'aux hommes en matière scientifique. Quant à Le Peletier, il propose une scolarité primaire plus courte pour les filles, le reste de son texte n'évoquant plus la scolarisation féminine. Sans doute ces réformateurs font-ils preuve de prudence à une époque où une majorité d'hommes adhère au point de vue exprimé par Mirabeau dans un discours sur l'éducation : « Je proposerai peu de choses sur l'éducation des femmes. Les hommes, destinés aux affaires, doivent être élevés en public ; les femmes au contraire, destinées à la vie intérieure, ne doivent peut-être sortir de la maison paternelle que dans quelques cas rares. »

L'affirmation par la Révolution de l'égalité devant l'instruction a donc bien constitué une rupture radicale avec le passé, mais son application n'a été envisagée que dans les limites des contraintes économiques et sociales du moment.

IV. – Le secondaire au XIXe siècle : la persistance des discriminations

Lorsque, entre 1802 et 1808, Napoléon Ier réorganise l'enseignement secondaire, il ne met en œuvre qu'un seul des projets révolutionnaires, le monopole de l'État. Selon la loi de mars 1808, « aucune école, aucun établissement quelconque d'instruction ne peut être formé hors de l'Université impériale, et sans l'autorisation de son chef ». Les nouveaux établissements, les lycées, sont créés et financés par l'État. Les collèges restent des établissements municipaux ou privés, mais ils sont soumis au contrôle des recteurs d'académie.

Pour le reste, Bonaparte revient aux pratiques de l'Ancien Régime. Les modalités d'accès à l'enseignement secondaire demeurent inégalitaires. Lycées et collèges sont payants, et ils le resteront jusqu'en 1930. Les programmes, contrairement au projet de Condorcet, font peu référence à l'esprit scientifique des Lumières et redonnent la primauté aux humanités classiques, et particulièrement au latin. L'historienne Françoise Wacquet[1] a montré combien cette sacralisation du latin dans les lycées et les collèges du XIXe siècle a une fonction principalement sociale : le latin sert d'abord à « classer », c'est-à-dire à distinguer socialement une élite cultivée, à la manière des études secondaires dans la Grèce antique. « Si l'étude du latin a quelque chose pour elle, c'est son inutilité même », écrit en 1896 un partisan des humanités classiques. Les lycées disposent d'ailleurs de classes élémentaires payantes, dans lesquelles enseigne un corps particulier d'instituteurs, et où les élèves s'initiaient précocement au latin. De ces classes, pourtant disparues au cours des années 1950, nous avons gardé l'habitude de juxtaposer deux terminologies pour désigner les classes du primaire : 10e ou CE1, 9e ou CE2, 8e ou CM1, etc. La seule entorse à cette logique de la distinction par le latin sera la création en 1902 d'une filière « moderne », sans latin, qui souffrira jusque dans les années 1950 d'une faible considération.

Les lycées sont aussi exclusivement masculins. Il faudra attendre la IIIe République pour que soient créés des lycées de filles. Encore auront-ils jusqu'en 1924 des programmes moins ambitieux que ceux des garçons, sans latin.

Lycées et collèges sont de ce fait demeurés jusqu'à la veille de la Seconde Guerre mondiale l'apanage des enfants de la bourgeoisie ou de la petite bourgeoisie. En dépit de leur gratuité instituée, donc, en 1930, l'instauration d'un examen d'entrée en sixième en préserve la sélectivité. En 1939, ce n'est pas plus de 6 %

1. *Le latin ou l'empire d'un signe,* Albin Michel, 1998.

d'une classe d'âge qui poursuit des études secondaires, et il faudra attendre les années 1970 pour que cette proportion dépasse les 20 %.

V. – Enseignement primaire supérieur et enseignement technique : le secondaire du peuple

La loi Guizot de 1833, qui avait fait obligation aux communes d'ouvrir une école primaire, prévoit aussi la création d'écoles primaires supérieures (EPS), destinées à approfondir les acquis de l'école élémentaire pendant deux ou trois années supplémentaires. Elle énonce ainsi le principe d'une filière complète d'enseignement, allant de l'élémentaire au secondaire, parallèle aux lycées et collèges, et explicitement destinée aux enfants du peuple. Les contenus envisagés pour le primaire supérieur sont radicalement différents de ceux du secondaire : « éléments de géométrie et ses applications usuelles », « dessin linéaire et arpentage », « notions de sciences physiques et d'histoire naturelle applicables aux usages de la vie », « éléments de l'histoire et de la géographie ». Cette conception instrumentale des savoirs vise à former les cadres intermédiaires du commerce et de l'industrie. Pas de latin ni, *a fortiori,* d'accès au baccalauréat ou à l'Université.

Le projet est repris et conforté par la IIIe République, qui ajoute aux EPS initialement instituées par Guizot les cours complémentaires, aux ambitions plus modestes. Plus de 1 500 cours complémentaires et 520 EPS sont en activité à la veille de la Seconde Guerre mondiale. Ils scolarisent alors 107 000 garçons et 121 000 filles.

L'égalité devant l'instruction a donc franchi en un siècle et demi une étape déterminante. Non seulement par la généralisation de l'instruction élémentaire, mais aussi par la possibilité de poursuite d'études gratuites qu'offre l'enseignement primaire supérieur. Jean-Pierre Briand et Jean-Michel Chapoulie[1] ont montré que, si les enfants d'ouvriers restent minoritaires dans les EPS et les cours complémentaires, l'essentiel de leur recrutement est composé d'enfants d'agriculteurs, d'artisans, d'employés ou de petits commerçants dont la plupart n'auraient pas eu accès aux lycées, et difficilement aux collèges. Si l'on ajoute aux effectifs des EPS et des cours complémentaires ceux des écoles techniques[2], développées parallèlement, on arrive à un total d'environ 190 000 élèves, chiffre qu'il convient de comparer aux 156 000 élèves des lycées et collèges.

EPS, cours complémentaires et, dans une moindre mesure, écoles techniques offrent gratuitement aux meilleurs élèves de l'école primaire, les filles comme les garçons, l'opportunité d'un complément d'études et, par conséquent, d'une promotion socioprofessionnelle. De ce point de vue, elles sont le creuset de ce que l'on a pu appeler la méritocratie républicaine. Ce sont par exemple du primaire supérieur que provenaient la majorité des instituteurs et des institutrices.

Une lecture inverse de ce processus est pourtant possible. Car, si le primaire supérieur et le technique offrent une possibilité de promotion aux enfants du peuple, ils ne leur permettent pas d'accéder au baccalauréat et aux études supérieures. En développant la coexistence d'un enseignement secondaire payant et d'enseignements primaires supérieur et technique gratuits, la IIIe République peut aussi être accusée d'avoir

1. *Les collèges du peuple,* Éditions du CNRS - Presses de l'ENS de Fontenay-Saint-Cloud, 1992.
2. Voir chap. IV.

maintenu une discrimination sociale puisque seul le secondaire permet alors d'accéder à l'enseignement supérieur. C'est cette lecture critique du système scolaire républicain qui va s'imposer dans la seconde moitié du XXe siècle.

VI. – La politique d'égalité des chances

« Chaque année, des milliers d'intelligences remarquablement ouvertes, avides de savoirs et capables d'un puissant effort, sont impitoyablement sacrifiées faute de quelques centaines de francs », écrit dès 1914 Ferdinand Buisson. Il annonce ainsi un mouvement de critique du système scolaire républicain qui va prendre de l'ampleur après la Première Guerre mondiale.

Cette critique repose sur deux arguments. Le premier, celui de l'injustice sociale, vient d'être évoqué. Le second est d'ordre économique : la Nation se prive d'un réservoir de compétences en empêchant les jeunes de milieux populaires qui en seraient capables de poursuivre des études supérieures. Cette double argumentation structure la thématique de l' « égalité des chances », qui va devenir le slogan de référence des politiques éducatives de la gauche, avant d'être adopté par la totalité des mouvements politiques.

De 1930 à 1975, les gouvernements successifs vont ainsi mettre en œuvre une série de réformes orientées en ce sens. Le Front populaire renonce à la fusion des filières de niveau secondaire mais porte l'obligation scolaire à 14 ans et rapproche les programmes des EPS de ceux de la filière sans latin des lycées et collèges. Le gouvernement de Vichy, dans le cadre de son combat idéologique contre l'influence de l'enseignement primaire républicain, transforme les EPS en collèges. Il accélère de ce fait le processus d'unification du secondaire. La IVe République n'aura pas la stabilité politique suffisante pour appliquer une réforme, mais elle produit de nombreux projets. Celui publié en 1947 par la commission Langevin-Wallon, qui prône l'unification du premier cycle du secondaire et l'obligation scolaire à 18 ans, servira de référence à la gauche jusqu'en 1968. Les premiers gouvernements de la Ve République accomplissent enfin les transformations les plus importantes. De 1959 à 1975, une série de réformes aboutissent à la suppression des premiers cycles des lycées et à l'unification de toutes les anciennes filières du premier cycle du secondaire au sein du collège unique, l'obligation scolaire ayant été portée à 16 ans.

Du point de vue institutionnel, la critique de Ferdinand Buisson n'est plus fondée aujourd'hui : l'enseignement secondaire est gratuit, et tous les enfants bénéficient d'une scolarité commune jusqu'à 16 ans, la démocratisation de l'enseignement paraît accomplie. Pourtant, jamais la question de l'égalité des chances n'a été autant débattue, ni l'école critiquée.

VII. – **L'école de masse culpabilisée**

La persistance de ces critiques s'explique d'abord par un constat : malgré l'unification de l'enseignement secondaire, les enfants des milieux populaires échouent plus souvent que les autres à l'école. Visibles de tous, les différentiels de résultats entre les établissements des quartiers favorisés et ceux des quartiers populaires suffisent à illustrer ce processus. Les statistiques le confirment par ailleurs chaque année : les enfants de cadres et de professions libérales représentent par exemple aujourd'hui 50 % des élèves des classes préparatoires aux grandes écoles, alors que les enfants d'ouvriers ne composent que 5 % des mêmes effectifs. La discrimination sociale, au lieu de s'exercer explicitement à la fin du primaire, s'exerce implicitement tout au long de la scolarité secondaire, mais le résultat est le même. Les multiples initiatives de lutte contre l'échec scolaire, telles que les zones d'éducation prioritaires (ZEP), n'ont pour l'instant eu que peu d'effets. Rien n'aurait fondamentalement changé depuis Ferdinand Buisson.

Les spécialistes débattent autour des causes de cette persistance de la discrimination sociale dans une école pourtant unifiée. On peut identifier rapidement celles qui sont le plus souvent évoquées. De nombreux sociologues soulignent que les enfants dont les parents sont diplômés de l'enseignement secondaire ou supérieur cumulent deux avantages significatifs. D'une part, un « capital culturel » mieux adapté aux attentes des enseignants, c'est-à-dire un vocabulaire, une proximité avec les livres et la culture écrite, des loisirs cultivés, des modes de comportement qui leur permettent de s'adapter plus vite aux exigences scolaires. D'autre part, ces familles connaissent toutes les stratégies qui permettent de réussir sa scolarité : dialogue avec les enseignants, choix d'options, changements d'établissement, leçons privées, etc. D'autres sociologues, moins nombreux, estiment que la disparité des pratiques pédagogiques contemporaines, le recours plus fréquent à des méthodes reposant sur l'autonomie des élèves (recherche de documentation, exposés, sorties ou voyages, réalisation de dossiers) s'opèrent au détriment du temps consacré à l'acquisition des savoirs fondamentaux et pénalisent en fait les enfants qui ont le moins de ressources culturelles familiales. D'autres évoquent encore l'insuffisance du travail collectif des enseignants, aussi bien dans le primaire qu'au collège, qui provoque un déficit d'encadrement néfaste pour les enfants les plus en difficulté.

Pourtant, le bilan n'est pas seulement négatif. En termes d'égalité sexuelle, il est même positif. De l'école primaire jusqu'au baccalauréat, les filles réussissent désormais mieux que les garçons à l'école. Leur taux de réussite au bac, toutes séries confondues, est de 81 %, contre 75 % aux garçons. Par ailleurs, le nombre de jeunes qui atteignent l'enseignement supérieur, même si ce n'est pas dans les filières les plus prestigieuses, a été multiplié par sept depuis 1960. Il est donc indiscutable que le niveau général d'instruction de la population française a augmenté significativement.

Mais la question de l'égalité devant l'instruction a en fait changé radicalement de sens depuis la fin de la IIIe République. D'abord parce que les conditions d'insertion sur le marché du travail ont été profondément transformées. L'industrialisation de l'agriculture, la tertiarisation des emplois, les nouvelles technologies, la délocalisation des industries de main-d'œuvre ont entraîné la disparition des emplois à très faible qualification. L'échec scolaire n'interdisait pas de trouver du travail avant la Seconde Guerre mondiale. Il est aujourd'hui prédictif d'exclusion sociale. Simultanément, l'école a acquis un quasi-monopole d'instruction et de formation. Les Églises, les mouvements laïques, les organisations syndicales, le Parti communiste ne sont plus en mesure d'offrir des parcours d'instruction et de formation alternatifs, comme ils l'ont fait auparavant. L'apprentissage en entreprise, malgré une reprise récente, ne représente qu'une faible part de la formation professionnelle. Une attente massive de réussite socioprofessionnelle pèse donc désormais sur l'école, et sur elle seule. Les enjeux en sont d'autant plus dramatisés.

Dans ce contexte, garantir l'égalité des chances ne suffit plus : c'est désormais l'échec scolaire qui est perçu comme une injustice, et c'est en quelque sorte vers l'égalité de résultats que tend aujourd'hui la demande sociale. Dans une société qui demeure structurellement inégalitaire, le défi est de taille.

Chapitre VII

LES INNOVATIONS TECHNIQUES À L'ÉCOLE

Jusqu'au XVe siècle, l'évolution des techniques utilisées à l'école a été à peine perceptible. À partir de 1450, en revanche, l'imprimerie a constitué une innovation majeure. En permettant un usage plus intensif de la lecture et de l'écriture, elle a servi de support matériel à une nouvelle forme scolaire qui s'est progressivement imposée à toute la société. Depuis, les progrès techniques se sont considérablement accélérés et l'école est devenue un marché dans lequel les industriels tentent d'imposer leurs nouveaux produits. Mais aucune des technologies susceptibles de transformer les pratiques scolaires n'a réellement remis en cause la forme scolaire moderne telle qu'elle s'est généralisée depuis le XVIe siècle.

I. – De l'Antiquité à la fin du Moyen Âge, de très lentes transformations

À l'école élémentaire, de l'Antiquité jusqu'à la Renaissance, les techniques mises en œuvre ont été presque immuables. Même si la relative rareté des sources disponibles incite à une certaine prudence, il semble bien que l'écriture avec un poinçon sur différents types de tablettes est la technique la plus largement utilisée jusqu'à la Renaissance. Depuis l'Antiquité, les tablettes sont en bois et recouvertes d'une cire dans laquelle les élèves tracent les lettres puis les effacent ensuite avec le doigt ou une spatule. Il peut aussi s'agir de tablettes simplement recouvertes d'une couche de chaux qui permet de graver les signes, ou sur laquelle on écrit éventuellement à l'encre. À partir du XIIIe siècle, à Paris, la fabrication de ces tablettes est confiée à une corporation de métier, et réglementée. Pour que les prix n'en soient pas trop élevés et qu'elles demeurent accessibles à tous les étudiants, il est interdit d'en fabriquer avec du bois de cèdre ou de cyprès ou de mélanger du suif à la cire.

Du côté du matériel du maître, les livres sont extrêmement rares. Depuis les Romains, les instituteurs des villes utilisent des morceaux de terre cuite sur lesquelles un artisan a gravé un alphabet, ou encore des carreaux alphabétiques, petits pavés de céramique figurant chacun une lettre de l'alphabet et permettant de composer des mots. Certains maîtres ont parfois disposé d'un tableau noir et d'une craie, et, très rarement, d'un livre. Mais, dans les écoles rurales les plus démunies, les maîtres ont fréquemment dû se contenter d'un alphabet gravé sur un mur.

En matière de calcul, les méthodes sont encore plus rudimentaires. Le mot « calcul » vient du latin *calculi* qui désigne les « petits cailloux » que les enfants manipulaient pour apprendre à compter. Mais la méthode du *comput digital* a été plus largement utilisée. À la manière du langage de signes des boursiers avant l'introduction de l'informatique, les élèves apprennent à compter en utilisant toutes les flexions possibles des doigts et en combinant les deux mains. Les plus habiles pouvaient ainsi compter jusqu'à 1 million.

Dans les écoles de niveau supérieur, du gymnase grec aux universités médiévales, des innovations plus significatives ont lentement amélioré la pratique de l'écrit.

La première est celle du passage du rouleau de papyrus au livre relié, le *codex.* Alors que les Grecs et les premiers Romains n'ont connu que de longs rouleaux composés de feuilles collées l'une à l'autre et pouvant mesurer jusqu'à 10 m de long, leurs descendants ont vu progressivement s'étendre l'emploi de la reliure. Plus facile à manipuler, le livre permet aussi de prendre des notes ou de recopier au fur et à mesure de la lecture, alors que la lecture du rouleau mobilise les deux mains en permanence. Le rouleau de papyrus reste néanmoins en usage, parallèlement au livre, jusqu'au début du Moyen Âge.

La seconde évolution est celle du passage du papyrus au parchemin, puis du parchemin au papier. Le parchemin, qui se fabrique à partir de peaux de moutons ou de porcs, commence à concurrencer le papyrus à partir du IVe siècle, et se généralise au VIIIe. Les moines cisterciens ont notamment constitué des élevages de moutons exclusivement dévolus à sa fabrication. Le parchemin est donc plus accessible que le papyrus importé d'Orient, mais demeure néanmoins un bien cher qui rend difficile la constitution d'une bibliothèque : il faut les peaux de 80 brebis pour 200 pages manuscrites. L'usage de la pierre ponce pour effacer un texte et réécrire sur le même parchemin était courant, y compris chez les libraires, qui effaçaient parfois des livres entiers pour en faire réécrire de nouveaux par leurs copistes afin de répondre aux demandes d'ouvrages récents.

L'introduction du papier, fabriqué dans des moulins avec du chiffon, est attestée dès le XIIIe siècle en Espagne, puis en France. Mais il faudra attendre le siècle suivant et le développement d'une véritable industrie papetière dans le nord de l'Italie pour qu'il soit largement utilisé et permette l'augmentation du nombre de livres publiés. Le parchemin restera toutefois le support des livres de bonne qualité jusqu'à l'invention de l'imprimerie.

L'encre, enfin, n'a que très lentement évolué. D'origine végétale ou composée d'un mélange de suie et d'acides, elle se présente en général sous forme solide qu'il faut diluer et verser dans des encriers portatifs. Au long des siècles, sa consistance va s'améliorer, mais il faudra attendre le XIXe pour que la chimie moderne propose des encres plus faciles d'utilisation, de même que des plumes métalliques, qui remplaceront progressivement la plume d'oie taillée.

II. – Imprimerie et forme scolaire moderne

C'est aux alentours de 1450 que la mise au point de caractères mobiles constitués d'un mélange de plomb, d'étain et d'antimoine permet de mettre en œuvre une technique d'imprimerie beaucoup plus performante que celle, déjà connue, de la xylographie. La nouvelle technique se répand très rapidement et, dès 1500, 236 villes européennes ont des ateliers d'imprimeurs. Selon l'historien Fernand Braudel[1], entre 140 et 200 millions de livres ont été imprimés au XVIe siècle.

Parmi eux, les livres scolaires occupent logiquement une place importante. Les premiers livres imprimés en France le sont pour l'Université de Paris : grands auteurs de référence, mais aussi grammaires latines ou manuels de rhétorique. En outre, la possibilité d'utiliser du papier de basse qualité et des caractères

1. *Civilisation matérielle et capitalisme,* A. Colin, 1967.

d'imprimerie recyclés vont rendre très tôt profitable la publication de livres bon marché et, par conséquent, de manuels pour les petites écoles.

Les abécédaires se répandent ainsi rapidement. Certains d'entre eux, comme celui intitulé *La Croix de par Dieu,* seront réimprimés pendant plus d'un siècle. Les facilités offertes par l'imprimerie permettent aussi à ceux qui le souhaitent de concevoir des manuels plus attrayants pour les enfants. Témoin ce *Roti-cochon, ou méthode très facile pour bien apprendre les enfants à lire en latin et en françois,* qui est publié en Bourgogne dans la seconde moitié du XVIIe siècle avec une illustration par page sur des thèmes gastronomiques[1]. Au XVIIIe siècle, les manuels illustrés pour enfants se répandent dans les milieux aisés. Au total, si la plupart des familles dont les enfants fréquentent les petites écoles sont encore trop pauvres pour acheter des livres, les maîtres, en revanche, en possèdent de plus en plus souvent au moins un, sur lequel ils font travailler les élèves l'un après l'autre.

Mais c'est évidemment surtout dans les collèges et à l'Université que l'imprimerie change le rapport aux livres et à l'écrit. Les bibliothèques se multiplient et la propriété individuelle du livre devient possible pour les milieux dont les enfants poursuivent des études. La lecture publique des livres par l'enseignant ou par un étudiant, jusque-là pratique centrale de la pédagogie, tombe dès lors en désuétude. Les enseignants peuvent renvoyer plus souvent collégiens ou étudiants au travail individuel, à la lecture et à l'imitation des grands auteurs, et consacrer plus de temps au commentaire et à la correction des travaux. En même temps, la possi-

1. D. Alexandre-Bidon *et al., Le patrimoine de l'Éducation nationale,* Flohic, 1999.

bilité offerte aux jeunes d'avoir leurs propres lectures accentue les craintes des enseignants devant les risques de déviance par rapport à leurs prescriptions et les incite à systématiser les pratiques de censure et de contrôle qui deviennent caractéristiques de la nouvelle forme scolaire.

Particulièrement dans les collèges, l'imprimerie a donc favorisé le recul des pratiques pédagogiques anciennes, fondées sur l'oral, le collectif et la mémorisation, au profit d'une pratique plus systématique et plus contrôlée de l'écrit et du travail individuel.

III. – L'industrialisation du matériel scolaire au XIXe siècle

Au cours du XIXe siècle, le livre et l'école sont entrés dans une relation d'interdépendance caractéristique de la période contemporaine. Progrès technique d'un côté, aussi bien pour l'imprimerie que pour la fabrication du papier et des encres, généralisation de la scolarisation, de l'autre, les deux processus se nourrissent mutuellement.

L'édition scolaire a évidemment bénéficié de cette évolution. Avant même la publication de sa loi sur l'école primaire, François Guizot se préoccupe de diffuser des manuels dans toutes les écoles primaires existantes. Dès 1831, il organise la publication de manuels officiels, et jusqu'en 1834 ces manuels sont envoyés gratuitement dans les écoles les plus démunies. Plus de 1 million d'abécédaires et de livres de lecture sont ainsi distribués, avec 200 000 catéchismes et 35 000 livres d'arithmétique. Guizot va aussi favoriser la concentration de l'édition scolaire à Paris. En créant une commission de censure des manuels localisée au ministère, il offre un avantage considérable aux éditeurs parisiens, qui établissent des relations privilégiées avec les membres de cette commission.

C'est par exemple le cas de Louis Hachette, lui-même universitaire, dont la société créée en 1826 bénéficie à la fois des relations de son fondateur avec le milieu enseignant et de sa proximité géographique avec le ministère. Assez rapidement, les imprimeurs de province sont écartés du marché des manuels, et les grandes maisons parisiennes déjà existantes, ou créées après 1830, se partagent des profits considérables : Belin, Dunod, Hachette, Garnier, Privat avant 1850, auxquels s'ajoutent Larousse en 1852 et Delagrave en 1865, à côté de quelques autres moins connus.

Dès l'origine, universitaires et enseignants trouvent dans la rédaction des manuels une source importante de revenus complémentaires, ce qui ne va pas sans poser des questions éthiques. Les cinq premiers manuels distribués par le ministère ont par exemple été rédigés par des hauts fonctionnaires proches de Guizot « auxquels l'importance des tirages et l'anonymat de quatre de ces ouvrages ont assuré des revenus confortables et discrets »[1]. Même si, depuis, la transparence s'est installée, il n'en reste pas moins que certains membres des corps d'inspection sont encore aujourd'hui à la fois rédacteurs de manuels et concepteurs de programmes, ce qui ressemble fort à un délit d'initiés en Bourse.

Le processus commencé avec l'édition dans la première moitié du siècle atteint d'autres secteurs économiques dans la seconde moitié. Le mobilier scolaire, l'encre, les cahiers pré-imprimés, les protège-cahiers,

1. Alain Choppin, *Manuels scolaires. Histoire et actualité*, Hachette, 1992.

les plumes et les porte-plume, les ardoises, les règles et les équerres graduées, les cartes et les illustrations murales, les buvards, les cartables sont autant de produits qui peuvent être proposés par les industriels spécialisés. L'école devient progressivement un marché dans lequel les innovations s'inscrivent dans une logique d'offre et de demande. Certaines peuvent alors s'imposer à l'école sans avoir été programmées par les responsables de l'institution, et parfois même contre leur gré. Rares avant la Seconde Guerre mondiale, de telles évolutions vont s'intensifier dans la seconde moitié du XXe.

IV. – Les mutations silencieuses de la seconde moitié du XXe siècle

Au début des années 1950, la société Bic distribue dans les écoles des buvards publicitaires sur lesquels est dessinée une petite fille qui tient un stylo-bille et proclame : « J'écris propre avec la pointe Bic. » Vingt ans plus tard, on peut lire, dans un dictionnaire pédagogique : « La France est un des rares pays où l'on fasse encore écrire les enfants avec des plumes en fer. Cependant, l'usage du stylo-bille se développe, au détriment de la qualité de l'écriture, prétendent certains maîtres. »[1]

Maîtres et enseignants auront donc résisté un peu plus de vingt ans au baron Bic, mais les porte-plume, même de forme ergonomique et en plastique multicolore, ne passeront pas les années 1970. La calligraphie était pourtant depuis plusieurs siècles un exercice fondamental de l'école, et on lui attribuait de multiples

1. *La pédagogie,* « Les dictionnaires du savoir moderne », Centre d'études et de promotion de la lecture, 1972.

vertus : outre la maîtrise de ce que l'on appelle la motricité fine, la calligraphie exige concentration, discipline et persévérance, toutes qualités favorables au *self-control* que la forme scolaire moderne vise avant tout à développer chez les élèves. Mais, avec la généralisation de la machine à écrire, la calligraphie avait déjà perdu au lendemain de la Seconde Guerre mondiale sa nécessité. La parfaite lisibilité de l'écriture, indispensable lorsque tous les courriers professionnels étaient rédigés manuellement, n'était plus une exigence absolue. En même temps, les nouvelles générations d'institutrices, d'instituteurs et de professeurs recrutés en masse pour faire face au *baby-boom* se sont rapidement accoutumées au stylo-bille. Elles ont donc renoncé plus facilement que les précédentes aux pleins et aux déliés.

De la même manière, les nouvelles techniques de polycopie ont été rapidement adoptées par l'institution scolaire et en ont significativement transformé les pratiques quotidiennes. Initialement expérimentée par Célestin Freinet avec un système d'imprimerie rudimentaire, la polycopie a connu un premier essor avec l'introduction, au début des années 1960, des duplicateurs à alcool. Petits textes manuscrits ou dactylographiés, phrases ou calculs à compléter, cartes à remplir, le document polycopié favorise une relation plus interactive entre les élèves et l'enseignant, ou permet de compléter la documentation offerte par les manuels. La photocopieuse, qui s'est généralisée une quinzaine d'années plus tard, a donné à ces pratiques une dimension systématique, au point de nécessiter une réglementation juridique pour protéger les droits des éditeurs. Presque tous les établissements scolaires du secondaire et du supérieur disposent aujourd'hui d'un service de photocopie qui mobilise au moins un emploi à plein temps d'agent de service. Classer et coller des documents distribués par l'enseignant ou répondre à des questions préparées sur une photocopie font désormais partie de l'activité normale des élèves et ont considérablement réduit le temps consacré autrefois à la copie. Au passage, le classeur a acquis une légitimité au moins égale à celle du cahier. De manière comparable, l'usage du rétroprojecteur, qui permet notamment à l'enseignant de modifier un document projeté au tableau et donc de guider en direct et collectivement les activités des élèves, est devenu d'usage courant dans l'enseignement technique.

Dernier exemple de ces évolutions silencieuses, l'usage de la calculatrice, qui s'est rapidement substituée à la règle à calcul. D'abord tolérée, puis désormais codifiée par l'institution, elle a rendu presque obsolète une pratique qui avait pourtant été une vertu cardinale des écoliers pendant de longs siècles : le calcul mental.

L'introduction discrète d'innovations techniques pourtant déterminantes a ainsi marginalisé en quelques décennies des activités aussi centrales pour l'école du début du XXe siècle que la calligraphie, la copie et le calcul mental. Cependant, au succès de ces nouvelles techniques, se sont opposés au cours des mêmes périodes les échecs relatifs d'autres innovations dont l'introduction avait pourtant été programmée et organisée par le pouvoir politique.

V. – Télévision scolaire et plan informatique, ou les mésaventures du volontarisme technologique

En 1947, un centre audiovisuel est associé à l'École normale supérieure de Saint-Cloud avec pour mission le développement de nouvelles techniques d'enseignement. À partir de 1950, l'Institut pédagogique national (actuel Institut national de recherches pédagogiques) se voit parallèlement confier une mission identique. En 1962, un plan d'extension des moyens audiovisuels est établi à la demande du ministère de l'Éducation nationale et renouvelé en 1967. Au début des années 1970, la radiotélévision scolaire diffuse jusqu'à 2 000 émissions de radio et 1 000 émissions de télévision par an, à raison de 10 à 30 min chacune. Parallèlement, est institué à Marly-le-Roi un collège audiovisuel expérimental avec un circuit de télévision qui permet un enseignement entièrement assisté par l'image et le son.

Pourtant, au cours des années 1980, les émissions scolaires disparaissent, alors même que la télévision est devenue un élément quotidien essentiel de la vie des familles, et particulièrement des jeunes.

L'informatique scolaire a connu une mésaventure comparable. Dès 1970, une expérience d'informatique éducative est lancée dans une cinquantaine de lycées, et 500 enseignants reçoivent une formation. Parallèlement, des informaticiens d'une grande école mettent au point un langage informatique à destination spécifiquement pédagogique, le langage symbolique d'enseignement (LSE). À partir de 1981, François Mitterrand fait de l'informatique scolaire une priorité de son septennat, ce qui aboutit au plan informatique de 1985. Collèges, lycées et universités sont équipés de plus de 80 000 ordinateurs, un budget pour l'achat de logiciels est dégagé et un effort particulier est consacré à la formation des enseignants.

Dès les années suivantes, cependant, l'Inspection générale enregistre le « semi-échec » de cette politique, constatant notamment que pas plus de 10 ou 20 % des enseignants utilisent l'informatique alors que 60 à 70 % d'entre eux ont été formés.

Dans les deux cas, celui de la télévision scolaire et celui de l'informatique, les causes invoquées pour expliquer l'échec sont semblables. Les premières sont d'ordre matériel : sous-équipement des établissements en téléviseurs, d'une part ; choix imposé de micro-ordinateurs français peu performants et retard dans la livraison des logiciels, d'autre part. L'intendance ne suit pas, pour reprendre une métaphore militaire. Mais une seconde explication, commune aux deux cas, ne paraît pas moins déterminante. Responsable de la télévision scolaire, Henri Cormary, agrégé de lettres, écrit, en 1972 : « Le professeur, surtout celui de l'enseignement secondaire, se sent dépossédé par l'auxiliaire audiovisuel de son rôle de meneur de jeu, de "maître" de la classe au sens le plus possessif du terme. »[1] Trente ans plus tard, l'historien Claude Lelièvre évoque à son tour la résistance des enseignants devant la pratique de l'informatique, même s'il relativise leur responsabilité : « Peu d'entre eux ont pu appréhender les différentes possibilités pédagogiques de l'informatique et saisir l'apport original que pouvait apporter une prise en compte judicieuse de ce nouvel outil. »[2]

On comprend mieux, dès lors, pourquoi la photocopieuse ou la calculette ont été aussi facilement adoptées, alors qu'elles entraînaient des mutations pédagogiques significatives, tandis que l'introduction de la télévision scolaire ou des premiers micro-ordinateurs a échoué. Une innovation a d'autant

1. *La pédagogie, op. cit.*, n. 1, p. 112.
2. *Les politiques scolaires mises en examen*, ESF, 2002.

plus de chance de réussir qu'elle ne remet pas en cause ce qui demeure au cœur de l'identité professionnelle de l'enseignant et de la forme scolaire moderne : le monopole qu'il détient seul face à sa classe dans la transmission du savoir. Les enseignants se vivent comme une quasi-profession libérale dont l'autorité repose sur le savoir qu'elle détient plus que sur ses compétences d'animation, de communication ou d'organisation de l'apprentissage. En schématisant, on pourrait dire que les innovations qui facilitent le travail magistral traditionnel sont facilement acceptées, celles qui le remettent en cause sont plutôt refusées.

À l'appui de cette hypothèse, on peut rappeler les conditions dans lesquelles la télévision est effectivement utilisée à l'école aujourd'hui, et les circonstances qui ont finalement facilité l'introduction progressive de l'informatique. Plus que la télévision elle-même, c'est le magnétoscope qui a connu un réel succès. La projection épisodique mais régulière de vidéos en classe a pris la suite des anciennes projections de diapositives ou de films super 8 comme auxiliaire du cours magistral. Quant au micro-ordinateur, c'est après son adoption par une partie de la population, et notamment les enseignants, comme outil de travail individuel qu'il a réussi sa seconde entrée à l'école, particulièrement depuis le développement d'Internet. Recherche de documentation, traitement informatique des notes, communication par mail sont autant de pratiques qui facilitent le travail habituel de l'enseignant. C'est aussi en tant qu'objet d'enseignement d'une discipline, la technologie, que le micro-ordinateur a trouvé une légitimité au sein du système scolaire. Toujours sans trop perturber l'ordre scolaire traditionnel.

VI. – *E-learning* et persistance de la forme scolaire

Depuis quelques années, l'enseignement à distance *via* Internet (*E-learning,* en anglais) est devenu un marché important. En France, le Centre national d'enseignement à distance (CNED), des universités, de grandes écoles, des Instituts universitaires de formation des maîtres ont développé des campus multimédia. On retrouve derrière ces initiatives le même volontarisme que pour la télévision scolaire ou l'informatique. Ce sont notamment Claude Allègre et Jack Lang qui ont successivement, depuis l'année 2000, dégagé des budgets importants en ce sens, particulièrement pour lutter contre l'hégémonie américaine. Doit-on s'attendre aux mêmes processus d'échecs relatifs de ces initiatives puis de réintroduction par des voies plus modestes et moins dérangeantes ?

Ce qui est sûr, c'est que, pour l'instant, seuls l'enseignement supérieur et la formation des adultes sont concernés par ces nouvelles technologies. Les premiers bilans établis révèlent des obstacles qui risquent d'être rédhibitoires en deçà de l'enseignement supérieur. Le premier est celui des coûts. Du matériel, bien sûr, mais aussi, paradoxalement, de l'accroissement du temps de travail des enseignants. Un universitaire américain a estimé que les temps de travail liés à l'utilisation de ces nouvelles technologies sont supérieurs de 150 % aux formes magistrales classiques. La différence tient à l'accroissement de la communication individuelle avec les étudiants et à la spécificité de la mise en forme des cours. Un autre obstacle est celui de la certification. Pour l'instant, on ne constate pas réellement de tentatives de contournement des systèmes de diplômes par les utilisateurs des formations à distance. Si une formation n'a pas d'agrément et ne s'inscrit pas dans des cursus académiques, elle a peu de chance d'être attirante. Le *E-learning* doit conduire aux diplômes existants pour recruter des clients, ce qui limite nécessairement son potentiel d'innovation pédagogique.

Autrement dit, il est probable que le développement du *e-learning,* comme les autres innovations avant lui, s'insérera dans la logique du système scolaire actuel. On peut supposer, par exemple, que, pour l'enseignement des langues vivantes, pour les élèves éloignés ou ayant des difficultés de déplacement, ou encore pour la formation continue des enseignants eux-mêmes lorsqu'ils exercent loin des grands centres urbains, ce qui existe déjà va se développer. Mais il est peu probable qu'une utilisation de cette nouvelle technologie susceptible de remettre profondément en cause la relation traditionnelle maître-élèves puisse rencontrer un grand succès.

C'est sans doute la principale leçon de l'histoire des innovations techniques à l'école. Depuis l'imprimerie, qui en a été le support, aucune innovation n'a vraiment déstabilisé ce qui constitue en quelque sorte l'unité fonctionnelle de base de la forme scolaire : l'enseignant seul face à sa classe, légitimé par une société qui lui a délégué une part d'autorité et qui le reconnaît comme le médiateur de connaissances identifiées au savoir scientifique. Les innovations techniques ont en définitive plus conforté ce modèle qu'elles ne l'ont transformé ou, plus exactement, elles l'ont adapté aux évolutions sociales tout en en préservant le principe fondateur. C'est probablement le signe que l'école dans sa forme actuelle, et malgré ses multiples difficultés, tiendra pour encore longtemps un rôle central dans la transmission des valeurs, des normes sociales et des connaissances.

CONCLUSION

S'il ne fallait retenir que l'essentiel, nous dirions que deux idées-forces sont au cœur de la compréhension sociohistorique qui sous-tend ce livre : la première est que les valeurs philosophico-pédagogiques de l'éducation se comprennent sur la très longue durée ; la seconde est que, sur le plan institutionnel, une révolution scolaire a eu lieu au XVIe siècle, et les formes actuelles (établissements, classes, type de cursus, etc.) en sont les héritières directes.

Toute la tradition pédagogique occidentale remonte à la société grecque classique et à ses institutions d'enseignement destinées aux savants. Ces institutions ont permis la transmission de la culture philosophique et scientifique grecque durant tout l'Empire romain. Malgré l'effondrement de la culture gréco-romaine, le Moyen Âge, au travers de ses universités et par la rencontre avec la culture arabe, va la redécouvrir. L'époque moderne en fera l'ossature de l'éducation classique, l'un des fondements de la culture de ses élites. De Socrate, par exemple, les auteurs modernes retiennent que l'éducation est un processus concret fondé sur la réponse à des questions, à travers laquelle le sujet forme sa propre pensée (Socrate n'a laissé aucun écrit et procédait par dialogue interrogateur). De Platon, son illustre successeur, qui aura la plus grande postérité dans la pensée occidentale, on retiendra que la philosophie, c'est-à-dire l'exercice de la pensée rationnelle, prime sur toute autre activité. Le platonisme – et sa postérité universitaire ou scolaire occidentale – postule que la véritable connaissance doit partir du monde matériel pour s'élever dans le monde des idées, immuable et éternel. Les savants chrétiens et les pédagogues ecclésiastiques se serviront abondamment de cette conception qui, outre sa recherche du monde parfait des idées, préconise de vaincre les passions, notamment celles du corps.

En matière éducative, le platonisme a permis de centrer l'activité pédagogique sur des connaissances théoriques. Il a sous-tendu le modèle de l'éducation classique, qui fait du savoir avec un grand « S » le point essentiel de toute transmission éducative. Or ce savoir, que l'école a sacralisé jusqu'à aujourd'hui comme le point fondamental de l'enseignement, n'est pas exactement le savoir scientifique, construit expérimentalement, ni le savoir d'action issus de la pratique professionnelle, ou d'autres encore. Le savoir de l'école s'incarne dans les disciplines scolaires, toujours définies selon les contraintes propres de l'institution, selon des découpages dont les prémices ont été forgées pour l'enseignement des élites dès l'Antiquité.

Les contenus de l'enseignement sont donc issus d'une longue histoire. En revanche, les institutions et la forme de l'enseignement ont, elles, subi des variations plus fortes, liées aux évolutions sociales, politiques et économiques. À partir du XVIe siècle, on assiste à la grande « révolution scolaire ». Elle va s'appuyer sur une nouvelle définition des cursus scolaires et, surtout, sur la mise en place d'un lieu spécifique (le collège) où l'on surveille et enseigne la jeunesse des élites sociales. Les collèges de l'Ancien Régime ne furent pas les seuls instruments de la révolution scolaire, puisque, dans les villes notamment, deux autres types d'écoles furent progressivement mis en place : les « petites écoles » pour les pauvres, destinées au contrôle du peuple, mais aussi des écoles professionnelles municipales ou des académies scientifiques et techniques d'État. Ces différentes écoles ont progressivement, mais plus difficilement, adopté les principes de transmission et de contrôle comportemental des collèges : regroupement des élèves par classes, cursus successifs et examens de passage d'une classe à l'autre, motivation des élèves par l'instauration d'une hiérarchie et par un système de sanctions, corporelles ou autres. C'est peu ou prou cette forme scolaire occidentale qui est aujourd'hui le modèle standard de toutes les écoles du monde contemporain. Cette révolution scolaire fut une transformation institutionnelle majeure. Elle a participé d'une mutation sociale, politique et économique radicale dans les trois derniers siècles.

Progressivement, puis de manière accélérée depuis une cinquantaine d'années, l'école est alors devenue un énorme système, une part essentielle de la société. Le fait est qu'en France aujourd'hui – et c'est vrai partout dans le monde développé – tout individu doit passer en moyenne une bonne quinzaine d'années à l'école. La scolarité possède un ensemble de caractéristiques communes qui s'organisent selon trois principaux axes que ce livre a tenté de mettre en évidence : une conception de la connaissance humaine dérivée des savoirs rationnels, une culture et une organisation spécifiques conditionnées par la forme scolaire et une socialisation fondée sur l'intériorisation des normes sociales, de la compétition et de la sélection.

BIBLIOGRAPHIE

Alexandre-Bidon D. *et al.*, *Le patrimoine de l'Éducation nationale,* Flohic, 1999.

Ariès P., *La vie familiale sous l'Ancien Régime,* Le Seuil, « Points Histoire », 1975 (1re éd., 1960).

Briand J.-P., Chapoulie J.-M., *Les collèges du peuple,* INRP/CNRS/ENS, 1992.

Chanet J.-F., *L'école républicaine et les petites patries,* Aubier, 1996.

Chartier R., Compère M.-M., Julia D., *L'éducation en France du XIVe au XVIIe siècle,* SEDES, 1976.

Chervel A., *La culture scolaire, une approche historique,* Belin, 1998.

Choppin A., *Manuels scolaires. Histoire et actualité,* Hachette, 1992.

Compère M.-M., *Du collège au lycée,* Archives Julliard - Gallimard, 1985.

Elias N., *La civilisation des mœurs,* Calmann-Lévy, 2002.

Gauthier C. et Tardif M. (dir.), *La pédagogie. Théories et pratiques de l'Antiquité à nos jours,* Gaëtan Morin, 1996.

Jacquet-Francillon F., *Naissances de l'école du peuple, 1815-1870,* Les Éditions de l'Atelier, 1995.

Kahn P., *La leçon de choses,* Presses du Septentrion, 2002.

Le Goff J., *Les intellectuels au Moyen Âge,* Le Seuil, « Points Histoire », 1985 (1re éd., 1957).

Lebrun F., Quéniart J., Vénard M., *Histoire générale de l'éducation, 1480-1789,* t. 2, Perrin, 2003.

Legras B., *Éducation et culture dans le monde grec, VIIIe-Ier siècle av. J.-C.,* A. Colin, 1998.

Lelièvre C., *Histoire des institutions scolaires,* Nathan, 1990.

Luc J.-N., *L'invention du jeune enfant au XIXe siècle,* Belin, 1997.

Marrou H.-I., *Histoire de l'éducation dans l'Antiquité,* Le Seuil, « Points Histoire », 1981 (1re éd., 1948).

Mayeur F., *Histoire générale de l'éducation, 1789-1930,* t. 3, Perrin, 2003.

Pelpel P., Troger V., *Histoire de l'enseignement technique,* L'Harmattan, 2001 (1re éd., 1993).

Prost A., *Histoire de l'enseignement, 1800-1967,* A. Colin, « U », 1983.

Prost A., *Histoire générale de l'éducation depuis 1930,* t. 4, Perrin, 2003.

Robert A., *Système éducatif et réformes,* Nathan, 1995.

Rouche M., *Histoire générale de l'éducation, Ve siècle avant J.-C. - XVe siècle,* t. 1, Perrin, 2003.

Vincent G. (dir.), *L'éducation prisonnière de la forme scolaire,* PUL, 1994.

Wacquet F., *Le latin ou l'empire d'un signe,* Albin Michel, 1998.

La revue *Histoire de l'éducation* de l'INRP, dirigée par P. Caspard.

TABLE DES MATIÈRES

Imprimé en France
par Vendôme Impressions
Groupe Landais
73, avenue Ronsard, 41100 Vendôme
Avril 2005 — N° 52 117